LUISE KAUTSKY

ROSA LUXEMBURG

EIN GEDENKBUCH

Gesammelte Schriften – Band 1

heptagon

LUISE KAUTSKY: GESAMMELTE SCHRIFTEN

HERAUSGEGEBEN VON GÜNTER REGNERI

BAND 1

Luise Kautsky

Rosa Luxemburg
–
Ein Gedenkbuch

Bibliografische Information der Deutschen Bibliothek:
Die Deutsche Nationalbibliothek verzeichnet diese Publikation in der
Deutschen Nationalbibliografie.
Detaillierte bibliografische Daten sind im Internet unter http://dnb.d-nb.de abrufbar.

ISBN: 978-3-96024-000-6
Copyright © 2019 heptagon Verlag, Berlin
Pappelallee 55, 10437 Berlin
info@heptagon.de

1. Auflage 2019

Herstellung: BoD - Books on Demand, Norderstedt

Dieses Buch ist auch als E-Book (ISBN: 978-3-934616-02-8) erhältlich.
Besuchen Sie uns im Internet: www.heptagon.de

Inhalt

Meiner Mutti.

Rosa

Rosa Luxemburg

Über Unendlichkeiten,

Schwester, reich' ich dir die Hand,

Über fernen Dämmerweiten

In der Sonne tiefstem Brand.

Feuergeist,

Der dich beseelte,

Der dir Adlerflügel gab,

Unter vielen Auserwählte,

Armer Menschheit Licht und Stab.

Deine schwache Form zerbrach

Wilder Unverstand der Menge,

Und du starbest, ihr zur Schmach ...

Doch in Finsternis und Enge

Wird dein Abglanz Leuchten tragen

Und in den gequälten Herzen

Deine starke Seele schlagen.

Bruno Schönlank

Einleitung

Im Jahre 1923 veröffentlichte ich in der E. Laubschen Verlagsbuchhandlung einen Band Rosa LUXEMBURG: **Briefe an Karl und Luise Kautsky**. Das Buch erweckte allgemeines Interesse und wurde mit großem Beifall aufgenommen. Von vielen Seiten stellte man an mich die Frage, ob nicht noch mehr solcher Briefe existierten, und ob diesem ersten Band nicht ein zweiter folgen könne. Auch wurde allgemein der Wunsch nach einer Lebensbeschreibung Rosas laut. Man bat und drängte so lange, bis ich mich entschloss, an alle jene Freunde Rosas heranzutreten, die auch die meinigen geblieben waren, um sie zu bitten, mir Rosas Briefe zur Veröffentlichung zu überlassen. Fast alle kamen meinem Wunsche nach. Binnen Jahresfrist hatte ich denn auch eine so reichliche Anzahl von Briefen beisammen, dass sie einen stattlichen Band gefüllt hätten.

Rosas Erben, allen voran ihr Bruder Dr. Josef Luxemburg, mit dem ich stets freundschaftlich verkehrte, hatten, ebenso wie bei dem ersten Band der Briefe, auch zur Veröffentlichung dieses zweiten freudig ihre Einwilligung gegeben, der Verlag hatte die buchhändlerischen Anzeigen schon in die Welt hinausgeschickt, und mit dem Satz war bereits begonnen worden, da meldeten sich die Kommunisten und erhoben Einspruch gegen die Veröffentlichung. Sie hatten Rosas Bruder dahin zu bestimmen gewusst, dass er einen Vertrag mit ihnen unterzeichnete, in dem er ihnen das alleinige Recht zur Veröffentlichung von Rosas gesamtem literarischen Nachlass zugestand. Wohl hatte er den Versuch gemacht, zu erwirken, dass mit den von mir gesammelten Briefen eine Ausnahme gemacht und mir das Recht eingeräumt würde, eine kleine Auflage in bestimmter Höhe zu publizieren; aber da der in Frage kommende kommunistische Verlag daran die Bedingung knüpfte, dass ich ihm das gesamte Briefmaterial sowie das von mir geschriebene Vor- und Nachwort zur »Begutachtung« vorlegen müsse, war die ganze Angelegenheit für mich so gut wie negativ erledigt. Denn obgleich sowohl Rosas Bruder als auch der juristische Vertreter meines Verlags und ich selbst uns noch sehr um eine Verständigung bemühten, so scheiterten doch alle Versuche an der Hartköpfigkeit der Kommunisten, deren Rechtsvertreter oft monatelang keine Antwort auf unsere Vorstellungen gaben, und die schließlich auf ihrer Zumutung beharrten, dass ich das geplante Buch ihrer Zensur bedingungslos unterwerfen müsse, ohne irgendein Einspruchsrecht gegen ihre Beschlüsse zu erhalten. Nach jahrelangen Bemühungen musste ich daher zu meinem aufrichtigen Schmerz das druckreife Werk beiseitelegen, und es ruht nun müßig in meinem Archiv, statt so wie der erste Band Tausenden von Lesern Freude und Anregung zu bringen.

Mit mir trauerten um das unverdient harte Schicksal dieses Buchs alle jene, die mir freudig ihre Briefschätze überantwortet hatten: so u.a. die Genossinnen Mathilde Wurm und Marta Rosenbaum, die Genossen Adolf Geck und Konrad Haenisch, der besonders lebhaften Anteil an der Veröffentlichung gezeigt, und der mir außer seinen Briefen auch noch anderes interessante Material zur Verfügung gestellt hatte. Auch die Erben Arthur Stadthagens hatten mir übergeben, was sich noch an Briefen Rosas im Nachlass Stadthagens vorgefunden hatte. Das Glanzstück der ganzen Sammlung aber hätte eine große Anzahl von Briefen Rosas an ihren Herzensfreund Dr. Hans Diefenbach gebildet, der im Weltkrieg Ende Oktober 1917 fiel, und mit dessen Namen die Leser der von mir bereits veröffentlichten Gefängnisbriefe vertraut sein dürften.

Von ihm sagte mir Rosa, als wir bei einem Besuch im Breslauer Gefängnis auf seinen Tod zu sprechen kamen: »Niemand weiß so gut wie ich, was wir beide an ihm verloren haben, denn niemand hat ihn so gut gekannt als ich. Alle Menschen aus unserem Kreise hat er an innerer Vornehmheit, an Güte, an Reinheit übertroffen. Nie und nimmer hätte er eine Gemeinheit begehen können, er war aus dem reinsten, besten Stoff, aus dem Menschen gemacht werden. Soweit er eine Schwäche hatte, bestand sie nur darin, dass er für den brutalen Lebenskampf nicht genug ausgerüstet war, so dass ich ihm immer helfen wollte, diese innere Angst vor der grausamen Realität des Lebens möglichst zu überwinden.« Und weiter sagte sie mir:

> »Nicht einmal du kannst ermessen, was er mir war. Er war mir der teuerste Freund, der wie kein Zweiter jede meiner Stimmungen, jede Empfindung verstand und mitempfand. In der Musik, in der Malerei wie in der Literatur, die ihm wie mir Lebensluft waren, hatten wir dieselben Götter und machten wir gemeinsame Entdeckungen ... Nun ist alles dahin! ...«

In den Briefen, die sie ihm ins Feld schrieb, und mit denen sie den in tiefster Seele unter den Kriegsgräueln Leidenden trösten und aufrichten wollte, treten ihre Gefühle für ihn klar zutage. Ja, man kann sagen, ihm gelten die schönsten Briefe, die sie je geschrieben hat. Ihm fühlte sie sich völlig wesensverwandt, er hat es verstanden, die tiefsten und reichsten Quellen ihres Geistes zu erschließen und sprudeln zu machen. Und da »nicht allein der Schreiber, sondern auch seine Beziehung zum Empfänger wichtig ist«, und da Rosas Briefe doch meist nur ein Echo auf die von ihm geschriebenen bildeten, so glaube ich, dass einige Daten aus dem Leben dieses leider so früh Verstorbenen, der Rosa so nahestand wie kaum ein zweiter Mensch, die Leser wohl interessieren dürften. Ich verdanke diese Daten der von mir sehr hochgeschätzten Schwester des Dr. Diefenbach, mit der mich eine herzliche Freundschaft verbindet.

Hans Diefenbach war im Jahre 1884 in Stuttgart geboren, ein sehr zartes und zärtliches Kind, von klein auf schon sehr aufgeweckt und originell, sehr empfindsam veranlagt und schon als kleiner Junge weichherzig, gütig und immer hilfsbereit, stets geneigt, den Schwächeren gegen den Stärkeren in Schutz zu nehmen, sogar dort, wo es für ihn selbst nicht ohne Gefahr war. Er war, wie Rosa es selbst ausdrückt: »ein zarter Knabe, der stets instinktiv zu den Schwachen und Bedrückten, nicht zu den Starken und Triumphierenden sich hingezogen fühlte.«

In ganz jungen Jahren schon ein Bücherwurm, war es insbesondere die schöne Literatur, die ihn fesselte, und in deren Studium er durch den reich belesenen, ebenfalls literarisch sehr interessierten Vater eingeführt und gefördert wurde. Dieser Vater, auf den sich nach dem frühen Tod der Mutter die ganze leidenschaftliche Zärtlichkeit des Knaben konzentrierte, lehrte ihn stets nur nach den besten Büchern greifen, ein Prinzip, dem er auch als Erwachsener nie untreu wurde, und das er mit seiner späteren Freundin Rosa Luxemburg teilte.

Auch sein Vetter, der schwäbische Volksparteiler und Abgeordnete Friedrich Haußmann, der nicht nur ein hochgebildeter und feinsinniger, sondern auch ein aufrechter und freisinniger Mann war, hatte in dieser Hinsicht großen Einfluss auf den jungen Hans. Diesem Vetter und Freund war er aufrichtig zugetan, und zu ihm schaute er mit tiefer Verehrung auf.

Auch sonst waren die Musen dem heranwachsenden Knaben hold: Ludwig Pfau, der tapfere Achtundvierziger, dem die deutsche Literatur so manche kraftvolle poetische Gabe verdankt, zählte zu den Intimen des Hauses, und in Justinus Kerner, einem der besten Vertreter der schwäbischen Dichterschule, dem Freunde Schwabs und Uhlands, verehrte die Familie Diefenbach einen erlauchten Ahnen.[1]

Mütterlicherseits war sein Großvater Reichs- und Landtagsabgeordneter und zeitweilig Präsident der Badischen Kammer gewesen. So standen Poesie und Politik vereint an des Knaben Wiege, und ihnen hat der Jüngling und der Mann lebtäglich Treue gehalten. Rosa hat nicht nur Diefenbachs Geschmack und Begabung, sondern stets auch seinen politischen Charakter hoch eingeschätzt.

Da Stuttgart keine Universität besitzt, so musste der junge Hans, um zu studieren, das Vaterhaus verlassen. Er ging zuerst nach München und nachher nach Berlin, wo er die Jurisprudenz studieren wollte. Bald aber wandte er sich der Medizin zu, die seinem ganzen Wesen besser entsprach, schon deshalb, weil er durch die Ausübung des Studiums alsbald in die Lage kam, seinen Mitmenschen zu helfen. In München wurde ihm

Hans Diefenbach, geb. 1884 in Stuttgart
im Krieg gefallen 25. Oktober 1917

das besondere Glück zuteil, im Hause der sozialistischen Ärztin Hope Adams-Lehmann, eine zweite Heimat zu finden.

Der Name dieser Frau ist der älteren Generation der deutschen Sozialdemokratie ein sehr vertrauter. Sie zählte zu den tapfersten Vorkämpferinnen der Frauen, der u.a. ein August Bebel freundschaftlich nahestand, und der er die höchste Verehrung zollte, und an die ein Friedrich Adler mit Dankbarkeit und Rührung zurückdenkt.

In ihrem schönen, gastfreien Heim in München trafen sich Ärzte, Künstler und Gelehrte mit verschiedenen Parteigenossen in zwangloser und freier Geselligkeit. Sich zu ihren Freunden zählen zu dürfen, wurde von jedermann als Auszeichnung empfunden.

Wer diese auserlesene Frau kannte, vermag ohne weiteres zu ermessen, was sie dem hochgestimmten Jüngling wurde, was sie in seinem Leben bedeutete, und wie schwer ihr tragischer Tod ihn traf, der etwa vierzehn Tage vor dem seinigen erfolgte.

Er hat ihr und sich selbst in einem ihrem Andenken gewidmeten Nekrolog ein wundervolles Denkmal gesetzt. Denn wie kaum ein zweiter war er in das Wesen dieser seltenen Frau eingedrungen, deren hervorstechendsten Charakterzüge – Reinheit und Adel der Gesinnung, Hilfsbereitschaft für jede leidende Kreatur, vollste Vorurteilslosigkeit gegen anders Gesinnte, gepaart mit dem mächtigen Trieb, die Menschen zu bessern und zu heben, – auch die seinigen waren. Den Sozialismus, zu dem ihn seine ganze Lebensauffassung längst getrieben hatte, sah er hier in einer seiner edelsten Gestalten verkörpert.

Von München kommend, lernte er dann Rosa kennen. Kein Wunder, dass sie, die leidenschaftliche Stürmerin, diesen Jüngling, dessen Herz für alle jene Ideale glühte, um deren Verwirklichung Rosa zeitlebens kämpfte, sofort in ihren Bann zog, als sie seinen Weg kreuzte, dass sie ihn dauernd zu fesseln wusste, und dass ihr freundschaftlicher Verkehr zu einer Quelle höchsten Genusses für beide Teile wurde.

Gleich hart wie Rosa traf auch ihn nicht nur der Ausbruch des Weltkrieges, an dessen Möglichkeit er überhaupt nicht hatte glauben können, sondern fast noch mehr die Haltung der Sozialisten aller Länder, insbesondere die der deutschen Sozialdemokratie bei diesem Anlass.

Obwohl Dr. Diefenbach schon mehrere Jahre als Assistenzarzt tätig gewesen war, wurde er in seiner Eigenschaft als Vizewachtmeister der Artillerie in Reserve schon am ersten Tage der Mobilisierung eingezogen. Sein ganzes Streben ging nun dahin, sich zum Militärarzt umschreiben zu lassen. Glücklicherweise gelang ihm das, und dadurch blieb ihm erspart, was für ihn das fürchterlichste gewesen wäre: mit der Waffe kämpfend, anderen Wunden schlagen, morden zu müssen.

Bis zu dem Tag, an dem ihn eine Granate in Stücke riss, durfte er, seinen Grundsätzen getreu, schmerzlindernd, Wunden heilend der Menschheit dienen, und er tat es mit schmerzlicher Freude, ob nun der am Leib oder an der Seele Erkrankte ein Landsmann oder ein »Feind« war.

In einem Nekrolog, den liebende Freundeshand geschrieben, heißt es von ihm: »Hans Diefenbachs Briefe (aus dem Feld) zeigen uns, wie er seinen Posten ausfüllte, weit über die Grenzen hinaus, die ihm seine Pflicht setzte. Es ist nicht wunderzunehmen, sondern vielmehr selbstverständlich, dass er die Bevölkerung der besetzten Gebiete mit besonderer Hingebung betreute, dass er im Großen wie im Kleinen ihr Los zu erleichtern suchte und nicht müde wurde, alle Missbräuche und Gewalttätigkeiten, deren empörter Zeuge er sein musste, zu geißeln ...«

»Er kannte, er wollte weder Deutsche noch Franzosen kennen, er kannte nur Menschen, von denen die einen im gegebenen Falle zufällig Franzosen, die anderen Deutsche hießen.«

»Seine Briefe aus dem Felde sind nicht nur ein Archiv der Menschlichkeit, sie sind ein Muster der Erzählungskunst, anschaulich und plastisch, sie sind von persönlichster Lebendigkeit, voll des Tatsächlichen, voll Realismus ...«

»Ein Hauch der Versöhnung weht aus all den Zeilen, und niemand wird glauben, dass solche Saat verloren sein könnte; sicher ist, dass ihre Wirkung weit über den engen Kreis hinaus fühlbar sein und bleiben wird, so wie all das Gute, das er getan hat, überall da lange nachklingen muss, wo er in jenen trostlosen Zeiten erschienen ist. Er hasste die Sinnlosigkeit des Krieges, sinnlos zerschmetterte ihn mit drei Begleitern auf dem Rückweg vom Schlachtfeld, wo er, selbst verwundet, sich bei der Pflege Verwundeter verspätet hatte, in der Nacht vom 24. auf den 25. Oktober 1917 eine Granate.«

Rosas Brief an mich vom November 1917 aus dem Breslauer Gefängnis zeigt, wie niederschmetternd die Nachricht von Hans Diefenbachs Tod auf sie wirkte. Sie schrieb mir dort: »... Mit Dir kann ich jetzt fast von nichts als von dem sprechen, aber gerade hier ist nichts zu sagen. Ich kann wenigstens keine Worte machen. Ich darf auch nicht daran denken, ich könnte es sonst nicht ertragen. Ich lebe im Gegenteil weiter in dem Traum, dass er da ist, ich sehe ihn lebendig vor mir, plaudere mit ihm in Gedanken über alles, in mir lebt er weiter.«[2]

Und in einem der folgenden Briefe spricht sie von ihm so: »Jetzt noch erst von Hannes, von unserem lieben, zarten, reinen Jungen, wie es keinen Zweiten in der Welt gibt.«[3]

Es ist aufs Tiefste zu beklagen, dass mit der gesamten Korrespondenz, die sich bei Rosa befand, auch Diefenbachs Briefe an sie in den Wirren der Januartage 1919 verschwunden sind. Denn nach seinen Briefen an andere Freunde zu schließen, zu denen sich auch die Verfasserin zählen durfte, waren es wohl wahre Kleinodien an Geist, Gemüt und Witz. Es war meine Absicht, in dem Band, dessen Herausgabe mir vereitelt wurde, auch einige Briefe von Diefenbach zu veröffentlichen, um das Bild desjenigen plastischer zu gestalten, dem Rosas poesievollsten, tiefst empfundenen und zugleich heiter-vertraulichsten Briefe galten. Leider wurde mir dies, wie schon gesagt, unmöglich gemacht, und die eine Bitte der Leser des ersten Bandes muss von mir daher unerfüllt bleiben.

Die zweite Bitte, die viele Leser jenes ersten Bandes wiederholt an mich richteten, will ich jedoch nach besten Kräften zu erfüllen trachten: den Wunsch nach einer kurzen Lebensbeschreibung Rosas. Ich habe zwar schon in dem bereits veröffentlichten Briefband an der Hand eben der Briefe eine, wenn auch nur kurze, zusammenfassende Schilderung des äußeren Verlaufs von Rosas Leben gegeben und fürchte daher, in die Gefahr zu kommen, mich wenigstens für meine früheren Leser zu wiederholen.

Auch habe ich nur etwa zwei Dezennien von Rosas Leben gemeinsam mit ihr verlebt, und außer von ihrem Bruder sind mir nach ihrem Tode trotz aller Bemühungen von den Freunden ihrer Kindheit, ihrer Jugend und ihrer Studienzeit nur äußerst spärliche Berichte zuteil geworden. Sie selbst lebte in einem so atemlosen Tempo dass ihr – so historisch sie auch veranlagt war – zu Rückblicken auf ihre eigene Vergangenheit nie-

20

mals die Zeit blieb. Ihre ganze Tätigkeit für die polnische Bewegung, die für sie fast den wichtigsten Teil ihrer politischen Wirksamkeit bildete, und ihre ganzen Beziehungen zu ihren polnischen Freunden sind mir stets um so mehr fremd geblieben, als ich nicht polnisch kann und daher ihre in dieser Sprache verfassten Publikationen nicht lesen konnte.

Wenn ich dennoch den Versuch machen will, dem Wunsch der Vielen, die sich brennend für Rosa interessieren, wenigstens einigermaßen gerecht zu werden und die bereits oben erwähnte Skizze etwas zu erweitern, so wird auch dieser Versuch auf Vollständigkeit keinen Anspruch erheben können, und ich muss von vornherein an die Nachsicht der Leser appellieren.

Denn ich will mich nicht unterfangen, die Politikerin und Wissenschaftlerin eingehend zu würdigen, was bei einer umfassenden Biographie Rosas im Vordergrund zu stehen hätte. Diese Aufgabe muss ich anderen, dazu Berufeneren überlassen.

Die Aufgabe, die ich mir stelle, ist eine bescheidenere, wenn auch immerhin für die Freundin der Toten verlockende und beglückende. Mir liegt daran, das Gedächtnisbild Rosas wieder um einige Striche zu bereichern, ich will ihr Werden und Gewordensein treulich schildern und will, trotzdem mir dieses Mal leider die Unterlage ihrer eigenen Briefe fehlt, in denen sich ihr Seelenleben so köstlich offenbart, auf eigene Hand versuchen, manche Regungen ihres Herzens und ihrer Seele bloßzulegen.

Anmerkungen

1   In Hans Diefenbachs Tagebuchblättern findet sich folgende Stelle:

»Ich habe, zu meiner Ehre sei es gesagt, nicht viel Nationalismus im Leib; aber der Vorstellung, dass meine württembergische Abkunft, die Beziehung zu den historischen Bergen, zu den Orten, denen Schelling, Schiller, Hegel, Mörike, Hölderlin entsprossen sind, in irgendeiner Art verpflichtet, kann ich mich nicht ganz entziehen. Ich meine, es müsste einem leicht werden und Mut machen, etwas zu leisten, wenn man sieht, dass diese großen Geister schließlich auch von nichts Besserem abstammen und von Haus aus nicht günstiger oder gar wunderbarer gestellt waren als unsereiner. Es müsste einem zugleich eine Verpflichtung auferlegen, sich nicht feige in die Medizin hineinzudrücken (Diefenbach war Mediziner. L. K.) und dort still und täglich bis ans selige Ende zu fronen, statt sich seiner geistigen Zugehörigkeit bewusst zu bleiben und sein Scherflein nach Kräften jener edlen Ahnengalerie beizusteuern und sich, wenn auch mit mikroskopisch kleinen Lettern, in jenen Albsandstein einzutragen, auf dem die Namen der geistig tätigen Schwaben eingezeichnet sind. So hat vielleicht jeder noch so Emanzipierte noch irgendeinen atavistischen Rest von Ahnenstolz oder Verwandtschaftsdünkel im Blut. Eine Schwäche, aber vielleicht verleiht sie dem einen oder dem anderen Kraft. Auch bei den Juden, die, wenn irgendein Volk, große Traditionen haben, mag sie sich leicht finden und dem einen oder anderen ein Sporn in die Weichen gewesen sein.«

Als Rosa einmal von Diefenbach erfuhr, dass er von Justinus Kerner abstamme, war sie wie elektrisiert. Sie, die als geborenes didaktisches Genie keine größere Freude und keinen höheren Ehrgeiz kannte, als ihre Freunde anzuspornen, »etwas Rechtes zu werden«, trieb den Zaghaften immer wieder dazu an, seine glänzende literarische Begabung zu betätigen und sich seines großen Ahnherrn würdig zu zeigen. »Denn«, sagte sie ihm häufig, »noblesse oblige (Adel verpflichtet), und das sind Sie dem Justinus Kerner schuldig.«

Und an mich schreibt sie aus dem Gefängnis in Wronke am 3. Dezember 1916: »Ich habe nämlich auch für ihn (Diefenbach) ernste Pläne. Es wäre eine Sünde, wenn seine Feder sich bloß in Briefen an uns beide erschöpfen würde.

2   Rosa LUXEMBURG: **Briefe an Karl und Luise Kautsky**, Berlin (E. Laubsche Verlagsbuchhandlung) 1923: Brief 91. [In einer Textsammlung als heptagon-E-Book neu publiziert: Rosa Luxemburg: **Briefe**, Berlin (heptagon) 2013, ISBN 978-3-934616-72-1]

3   Ebenda: Brief 93, Seite 196/197.

Biografische Skizze

»Unerhellt und nur von spärlichen Anekdoten durchblitzt liegt die Kindheit großer Naturen da.« Und meist erlangen wir nur zufällig Kenntnis von den Eindrücken, die auf die kindliche Seele derjenigen wirkten, aus denen das Leben und die Geschichte später ihre Märtyrer und Helden formt.

Die Aufschlüsse über Rosas erste Kindheit, die ich den Mitteilungen von Rosas Bruder, Dr. Josef Luxemburg, verdanke, und die ich zum Teil in seinen eigenen Worten wiedergebe, waren mir daher sehr willkommen, denn sie ließen mir manche Charakterzüge Rosas in viel klarerem Lichte erscheinen.

Rosa Luxemburg ist am 5. März 1871 in der Stadt Zamość im Gouvernement Lublin des ehemaligen Russisch-Polen geboren. Ihr Vater, Eduard Luxemburg, besaß ein eigenes Haus und war ein in der Stadt angesehener Kaufmann, der ebenfalls einer wohlhabenden kaufmännischen Familie entstammte. Rosas Großvater hatte in ständigem Handelsverkehr mit Deutschland gestanden und war in Berlin gestorben. Allen seinen Kindern, sieben Söhnen und einer Tochter, hatte er eine gründliche Bildung angedeihen lassen, sie hatten die Schulen und Handelsakademien in Berlin und Bromberg besucht. Rosas Vater gehörte also der jüdischen Intelligenz der Stadt an, war aber zugleich polnisch gesinnt. Er war daher nicht nur ein eifriger Förderer aller Kulturbestrebungen seiner Glaubensgenossen, sondern kämpfte auch in deren Kreisen für das polnische Schulwesen, dessen damaliges tiefes Niveau er möglichst heben wollte. Er selbst ging mit gutem Beispiel voran, indem er seinen ältesten Sohn auf das Staatsgymnasium, die einzige damals bestehende Lehranstalt dieser Art, schickte, trotzdem er sich dadurch das Odium eines der jüdischen Tradition untreu Gewordenen zuzog. Wo immer er Bildungsbestrebungen unterstützen konnte, tat er es mit Freuden, so z.B. hatten die polnischen Volksschullehrer wie auch die polnischen wandernden Theatertruppen an ihm einen großen Gönner.

Rosas Mutter, Lina, geborene Löwenstein, brachte allen diesen Betätigungen ebenfalls vollstes Verständnis entgegen, so dass der ganze Ton des Hauses in kultureller Beziehung auf sehr hoher Stufe stand. Auch sie stammte aus hochintellektuellen Kreisen, ihr Bruder, Dr. Bernhard Löwenstein, war Doktor der Philosophie und Theologie und bekleidete das

Rosa Luxemburg, fünfjährig

Amt eines Predigers in Lemberg. Sie schwärmte für schöne Literatur und war ebenso zu Hause in den Werken von Schiller wie in denen von Mickiewicz. Sie hatte einen ungewöhnlich sanften, milden Charakter, und aus dem Munde dieser geliebten Mutter vernahm die aufnahmsfähige kleine Rosa die ersten Märchen und Fabeln. Aus Rosas spärlichen Erzählungen gewann man den Eindruck, als sei die Mutter eine von jenen selbstaufopfernden Frauen gewesen, wie sie gerade in jüdischen Familien so ungemein oft vorkommen, die ihr ganzes Sein auf Mann und Kinder einstellen und über der Sorge für diese sich vollständig selbst aufgeben, ja förmlich auslöschen. Dadurch wird die Erinnerung an ihre Existenz leicht zu einer schattenhaften. Immerhin sprach Rosa mit großer Liebe von ihrer Mutter, wenn auch der Vater für sie die kongenialere Erscheinung gewesen sein mag, denn von ihm scheint sie auch die starke Geistigkeit, die Energie, kurz »des Lebens ernstes Führen« übernommen zu haben. Als Rosa drei Jahre alt war, übersiedelte die ganze Familie nach Warschau. Da sie die Jüngste von fünf Kindern war, so gaben sich die Geschwister mit ihr sehr viel ab, und sie wurde ihres lieben, sympathischen Wesens wegen von ihnen sehr verhätschelt. Sie war für jede Belehrung und jeden Liebesbeweis sehr dankbar und empfänglich, und da sie ein außergewöhnlich gewecktes Kind war und schon im Alter von fünf Jahren sich mit Gedrucktem und Geschriebenem beschäftigte, so erntete sie oft reiches Lob von ihren Angehörigen. In reizenden kleinen Briefen und Gedichten bedankte sie sich dann dafür. Diese kindliche Korrespondenz sandte sie von einem Zimmer ins andere, adressierte sie regelrecht an Eltern oder Geschwister, wobei sie stets die Bedingung stellte, dass man ihr auch auf schriftlichem Wege antworten müsse. Alle diese Briefe und Notizen, die die Familie heute noch aufbewahrt, atmen die zärtlichste Liebe zu ihren Angehörigen. Von klein auf waren Bücher ihre Leidenschaft. Kaum vermochte sie selbst zu lesen, als sie auch schon begann, es die Hausmädchen zu lehren, die damals in Russisch-Polen fast alle Analphabeten waren: Man kann dies wohl als einen besonders charakteristischen und für ihre spätere Richtung bezeichnenden Zug ihres Wesens betrachten.

Ein rastloser Tätigkeitsdrang beseelte sie, und zu jeder Beschäftigung stellte sie sich sehr geschickt an, ob sie nun Puppenkleider nähte, Handarbeiten machte oder neben dem Schreiben und Lesen ihrer vor allem geliebten Zeichenkunst oblag.

Schon früh besaß sie ein sehr entwickeltes Wahrheits- und Gerechtigkeitsgefühl. War sie sich irgendeines kindlichen Vergehens bewusst, so bekannte sie das in ihren Briefen und erlegte sich selbst dafür eine entsprechende Strafe auf. In früher Jugend schon zeigt sich ihre außerordentliche Liebe für Pflanzen und Tiere. Siebenjährig, dichtete sie einen gereimten Willkommensgruß für einen Kanarienvogel, den ihr der Vater

schenkte. Als das Vögelchen ein Jahr später stirbt, beweint sie es in drei-
ßig trauernden Versen. Mit sechs Jahren las und schrieb sie geläufig und
war Leserin und fleißige Mitarbeiterin einer Kinderzeitung. Nicht viel
später versuchte sie sich im Übersetzen von russischen Gedichten ins
Polnische und dichtete selbst in dieser Sprache. Als Rosa etwa vierzehn
Jahre alt war, traf es sich, dass der Besuch Kaiser Wilhelms I. in Warschau
erwartet wurde. Aus diesem Anlass schrieb sie am 8. August 1884 ein
Gedicht, das, möglichst wortgetreu übersetzt, etwa folgendermaßen lau-
tet:

>>Zu Kaiser Wilhelms Ankunft.<<

>>Endlich werden wir Dich sehen, Mächtiger des Westens,
Das heißt, solltest Du in des Sachsen Garten[1] kommen,
Denn ich besuche Euere Höfe nicht.
Es liegt mir nämlich an Eueren Ehrenbezeigungen gar nichts.
Doch wissen möchte ich, was Ihr dort schwatzt.
Mit dem >Unserigen< sollst Du ja >per Du< sein.
In Bezug auf Politik bin ich noch ein dummes Schaf,
Drum will ich überhaupt mit Dir nicht viel reden.
Nur eines möchte ich Dir, lieber Wilhelm, sagen:
Sage Deinem listigen Lumpen Bismarck,
Tue es für Europa, Kaiser des Westens,
Befiehl ihm, dass er die Friedenshose nicht zuschanden macht.<<

In diesen Versen kann man wohl mit Recht das erste Dokument des erwachenden politischen Sinnes bei Rosa sehen.

Von ihrem achten Jahre an, wo sie ins Warschauer Gymnasium eintrat, bis zur Beendigung ihrer Schulzeit war sie stets die beste Schülerin gewesen. Doch wurde ihr trotzdem nach der Absolvierung die ihr dafür gebührende goldene Medaille nicht zuerkannt, weil ihr Oppositionsgeist die Direktion gegen sie aufgebracht hatte.

Durch die Lektüre ausländischer Zeitungen, die der freisinnige Vater trotz strengster Zensurschranken sich insgeheim immer zu verschaffen wusste, und die man im Familienkreise eifrig studierte und diskutierte, wurde Rosas Gemüt sicherlich stark beeinflusst. Die Verfolgungen der sogenannten »westeuropäischen, demokratischen« Strömungen sowie der polnisch-nationalen Tendenzen durch die russische Regierung erregten frühzeitig ihren Zorn, vor allem aber waren es die entsetzlichen Judenpogrome, die auf Rosa erschütternd und aufreizend wirkten, sie zum Hass und zur Verachtung aufstachelten und unauslöschliche Eindrücke in ihrem jugendlich-empfänglichen Gemüte hinterließen.

Auf diese Weise ward der Boden vorbereitet und der Same gelegt, dem in Zukunft die reichen Blüten von Rosas revolutionärem Empfinden entsprießen sollten. Nach Absolvierung des Gymnasiums wurde ihr bald der Boden in Warschau zu heiß. Es drohte ihr die Verhaftung und das Begrabenwerden in einem der russischen Kerker, die für die revolutionäre

Rosa Luxemburg, zwölfjährig

Studentenschaft während des Zarismus immer offen standen, und damit eine nicht abzusehende Unterbrechung ihrer Studien. Da entschloss sie sich, zu fliehen, und in ihrer Schülertracht, noch mit der Schürze der Gymnasiastinnen, kam sie nach der Schweiz.

An Gefährten aus der russischen und polnischen Heimat fehlte es ihr dort nicht, denn die Universitäten von Zürich und Bern waren von großen Gruppen ihrer revolutionären Landsleute bevölkert, die sich gleich ihr aus den Fängen der zaristischen Schergen in die Schweiz gerettet hatten.

In Zürich, wo sie sich niederließ, fand sie in ihrem um wenige Jahre älteren Landsmann Leo Jogiches (Tyschko) einen Wegweiser und Führer, mit dem sie bis zu ihrem Tod durch ein festes Freundschaftsband verkettet war. Ihr Feuergeist entzündete sich an dem seinigen, in ihm sah sie den nachahmenswerten Typus des Vertreters des revolutionären Gedankens, hatte er doch in jungen Jahren schon die Schrecken der Gefängnisse und der sibirischen Verbannung kennengelernt, und war er doch ein Meister in der Kunst des Verschwörertums, dessen Romantik auf Rosas empfängliches Gemüt einen unwiderstehlichen Zauber ausübte.

Freundschaft und Wärme aber fand die so plötzlich aus dem Elternhaus in die Fremde Getriebene im Hause der Familie Karl Lübecks, eines alten deutschen Sozialdemokraten. Dessen Frau, Olympia, Polin von Geburt, ward Rosa gleichermaßen als Gesinnungsgenossin wie als Landsmännin teuer.

Rosa stürzte sich kopfüber in das Studium. Ihr Eifer kannte keine Grenzen, und da sie spielend leicht auffasste, so hätte sie am liebsten alle Wissenschaften gleichzeitig in sich aufgenommen. Sie musste sich aber schließlich, nachdem sie kurze Zeit Philosophie studiert hatte, für die Staatswissenschaften, für Nationalökonomie und Jurisprudenz entscheiden, da diese ihr die besten Waffen für jenen Kampf zu liefern versprachen, auf den sie ihr Leben einzustellen gedachte: für den Kampf um die zu Boden getretenen Rechte der Arbeiter, der Armen, der Erniedrigten und Enterbten. Bald war sie auch in Zürich das anerkannte geistige Haupt ihrer dortigen Studiengenossen, wie sie es stets in Warschau gewesen, und galt auch bei den Professoren als der scharfsinnigste und begabteste Kopf unter ihnen.

Für Rosa war diese Zeit eine sehr glückliche. Dem unerträglichen politischen Druck entronnen, unter dem ihre russifizierte Heimat schmachtete, atmete sie in vollen Zügen die freie Luft der Schweiz. Was sie in ihrer wundervollen Einleitung zur Biographie Wladimir Korolenkos[2] von Turgenjew sagt, das trifft in dieser Periode ihres Lebens voll und ganz auf sie selber zu:

> »Turgenjew erzählt gelegentlich, dass er zum ersten Male irgendwo bei Berlin das Trillern der Lerche mit Bewusstsein genossen habe. Diese beiläufige Bemerkung erscheint mir sehr charakteristisch. Die Lerchen trillern in Russland nicht weniger schön als in Deutschland.

Das gewaltige Russische Reich birgt so viele und so mannigfaltige Naturschönheiten, dass ein empfängliches, poetisches Gemüt auf jedem Schritt Gelegenheit findet, im Gefühl der Naturfreude restlos aufzugehen. Was einen Turgenjew an dem ungetrübten Genuss der Naturschönheiten in seinem eigenen Vaterland hinderte, war eben die peinigende Disharmonie der gesellschaftlichen Verhältnisse, das ständige drückende Gefühl der Verantwortlichkeit für die schreienden sozialen und politischen Zustände, das man nie los werden konnte, und das, tief im Innern bohrend, keinen Augenblick völligen Selbstvergessens aufkommen ließ. Erst im Ausland, wenn er die tausend niederdrückenden Bilder der Heimat hinter sich gelassen hatte und fremden Verhältnissen gegenüber stand, deren wohlgeordnete Außenseite und materielle Kultur dem Russen seit jeher naiv imponierte, vermochte ein russischer Dichter sich unbekümmert, aus voller Brust, dem Gefühl der Naturfreude hinzugeben.«

Und wenn auch nicht selten bei den mit Glücksgütern durchaus nicht gesegneten Studenten aus dem Osten der Hunger zu Gast war, wenn man auch trotz weit getriebener gegenseitiger Hilfe gar oft bei seinen Diskussionen den knurrenden Magen nur mit vielem Tee und wenig Zucker und noch weniger Zukost beruhigen musste, so bildeten doch diese Studienjahre in Rosas Erinnerungen einen Glanzpunkt, und sie sprach von ihnen stets mit einer Art von heiterer Rührung.

Neben ihren eigentlichen Studien interessierte sie sich heiß für die Probleme der Arbeiterbewegung, die im Züricher Deutschen Arbeiterverein eifrig diskutiert wurden, Diskussionen, an denen sie sich bald und lebhaft beteiligte. Daneben hatte sie schon früh zu schriftstellern begonnen, und noch ehe sie ihren Doktor gemacht, war ihr Name schon da und dort in den Spalten sozialistischer Organe aufgetaucht. Vorerst in den, der russischen Zensur wegen, in Polen geheim gedruckten oder im Ausland erscheinenden polnischen Publikationen, bald aber auch in dem vornehmsten Organ der Sozialistischen Internationale, der in Deutschland erscheinenden **Neuen Zeit**, der wissenschaftlichen Zeitschrift der deutschen Sozialdemokratie.[3]

In jene Züricher Zeit fällt auch der Beginn von Rosas Einflussnahme auf die Politik ihres Heimatlandes. Im Verein mit Jogiches fasste sie dort die Idee der Gründung der »Sozialdemokratischen Partei des Königreichs Polen und Litauens«.

Im Jahre 1893 trat sie zum ersten Male persönlich vor die Gesamtheit der Internationale beim Züricher Internationalen Sozialistenkongress, wo sie durch ihre Schlagfertigkeit und ihren Mut die allgemeine Aufmerksamkeit auf sich zog.

Als Rosa ihre Studien beendet und nach Einreichung ihrer Doktordissertation über **Die industrielle Entwicklung Polens** die Doktorwürde »juris et rerum cameralium« erlangt hatte, verließ sie die Schweiz und begab sich zur Erweiterung ihrer Kenntnisse nach Paris, um die dortigen politischen und Parteiverhältnisse an Ort und Stelle zu studieren. Sie trat mit den Parteiführern Guesde, Vaillant, Allemane und der dortigen Emigration in nahen Verkehr. Das Temperament der Franzosen sagte ihrem Wesen ganz besonders zu. Sie fühlte sich in dem französischen Milieu äußerst wohl. Den dort geschlossenen Freundschaften hielt sie lebenslange Treue. In besonderer Verehrung war sie dem ältesten Kämpfer in der französischen Arbeiterbewegung, Edouard Vaillant, zugetan.[4]

Der Aufenthalt in Paris erweiterte außerordentlich ihren Gesichtskreis. Die aus dem Osten Gekommene wurde nun immer mehr mit dem Westen vertraut und ward dadurch in beiden Kulturkreisen heimisch. Warschau–Zürich–Paris, das gab schon eine gute Basis ab für Rosas Internationalität. Aber ihr ganzes Sehnen galt der deutschen Arbeiterbewegung, die gerade damals, nach dem Fall des von Bismarck über sie verhängten Sozialistengesetzes mächtig empor geblüht war.

In ihr zu wirken, und zwar nicht als Außenseiterin, sondern als vollwertige, gleichberechtigte Genossin, war ihr heißester Wunsch.

Da ihr als Russin bei den in Deutschland herrschenden Gesetzen dies jedoch nie und nimmer möglich gewesen wäre, verfiel sie auf ein den russischen Studenten geläufiges Mittel, sich vom Staat bestimmte Rechte zu erzwingen: Sie entschloss sich zu einer Scheinehe mit einem deutschen Staatsangehörigen, wodurch auch sie automatisch Deutsche wurde.

Gustav Lübeck, der Sohn des oben erwähnten in Zürich lebenden deutschen Parteigenossen und seiner Frau Olympia, ward dazu ausersehen, Rosa durch Heirat zu den Rechten einer deutschen Staatsangehörigen zu verhelfen. Nach vollzogener »Trauung« trennte sich das »junge Ehepaar« wieder an der Ausgangstür des Standesamtes. Rosa hatte erreicht, was sie gewollt hatte. Sie war deutsche Staatsbürgerin geworden und durfte von nun an der deutschen Sozialdemokratie als tätiges Mitglied beitreten, durfte der deutschen Bewegung innerhalb Deutschlands ihre Kräfte leihen, durfte unmittelbar in Rede und Schrift auf das deutsche Proletariat einwirken, d.h. soweit ihr der Staatsanwalt darin keine Schranken zog, was in Preußen-Deutschland damals nur allzu leicht passieren konnte. Doch sich davor zu fürchten, war Rosas Sache nicht, und mit freudigen Gefühlen kam sie nach Deutschland, fand sogleich in Dresden eine ihr zusagende Tätigkeit in der Redaktion der dortigen Arbeiter-Zeitung und ging im Frühjahr 1899 nach Berlin, der zukünftigen Stätte ihrer Wirksamkeit. Hier gab es für sie Arbeit in Hülle und Fülle, und zwar Arbeit, die ihrem scharfen Geist und ihrer spitzen Zunge sehr zusagte.

War doch gegen Ende des Jahrhunderts in der deutschen Sozialdemokratischen Partei der theoretische Streit zwischen der alten radikalen

Richtung und dem neu aufgekommenen sogenannten Revisionismus im vollen Gange.

Diese neue Richtung, die es sich zur Aufgabe gestellt hatte, die in der deutschen Sozialdemokratie bisher unangetasteten marxistischen Grundsätze zu kritisieren, zu modifizieren, zu »revidieren« und sogar teilweise zu liquidieren, hatte ihr Haupt in dem in London im Exil lebenden Eduard Bernstein, der eine zahlreiche Anhängerschar auch in Deutschland musterte. Ihm traten scharf entgegen Kautsky, Bebel und viele andere, zu denen sich nun Rosa gesellte, die sich schon früher der radikalen Gruppe angeschlossen hatte. Sie führte tapfer ihre Klinge als angesehene ständige Mitarbeiterin der **Neuen Zeit**, die zum Kampforgan für den Marxismus geworden war. Daneben war sie hauptsächlich agitatorisch tätig, und bald war sie eine der von den Bürgerlichen meist gehassten Propagandistinnen in der deutschen Arbeiterbewegung, von ihnen höhnend nur die »blutige Rosa« genannt.

1904 sollte sie zum ersten Mal Bekanntschaft mit einem deutschen Gefängnis machen. Wegen Majestätsbeleidigung und Aufreizung zum Klassenhass wurde sie zu mehrmonatiger Gefängnishaft verurteilt, die sie in Zwickau in Sachsen antrat. Der Tod des Königs von Sachsen und die beim Regierungsantritt des neuen Herrschers erlassene Amnestie für politische Verbrecher führten zu einer Verkürzung ihrer Haft, worüber sie jedoch gar nicht erfreut war. Nur unter Protest verließ sie das Gefängnis, denn es widerstrebte ihrem revolutionären Gefühl, »sich von einem Könige etwas schenken lassen zu sollen«.

Ein weiteres Jahr verfloss in emsiger Aufklärungs- und Agitationsarbeit, als plötzlich im Osten die Sturmglocke der Revolution zu läuten begann. Ende des Jahres 1905 sehen wir sie auf dem Wege nach Warschau, und zu Anfang des Jahres 1906 beginnt sie dort jene fieberhafte unterirdische Tätigkeit, über die ihre Briefe aus dieser Zeit den Leser am besten orientieren können.[5] Zwei Monate gelingt es ihr, den Spürhunden des Zarismus zu entgehen, dann aber ereilt sie ihr Schicksal, und sie wird zuerst ins Gefängnis im Warschauer Rathaus geschleppt, das sie bald mit der dortigen Festung vertauschen muss. Lebendige Schilderungen ihrer dortigen Lebensweise finden sich in den Briefen aus Warschau vom März und April 1906.[6]

Nach ungefähr halbjähriger Haft entlassen, geht sie nach etwa zweimonatigem weiterem arbeitsreichen Aufenthalt in Warschau über Petersburg nach Finnland, um in der dortigen Stille und Einsamkeit sich zu neuer Arbeit zu stärken und zu kräftigen und die eben erlebten Eindrücke und Erfahrungen schriftstellerisch zu verwerten.

Es ist besonders das Problem des Massenstreiks, das ihr zu schaffen gibt, und das von nun an im Mittelpunkt ihres Denkens und Wirkens steht.

In Warschau wie in Moskau und Petersburg hatte sie die Probe aufs Exempel machen sehen und fortab beschäftigt sie der Gedanke unablässig, wie sich die in Russland mit dem Massenstreik gemachten Erfahrungen und die damit erzielten Erfolge auch auf die deutsche Bewegung übertragen ließen. In Finnland verfasst sie eine Broschüre über die Lehren des Massenstreiks, die sie gleich nach ihrer Rückkehr in Deutschland im September 1906 veröffentlicht.

Schon damals machte sich in dieser Frage ein Gegensatz zwischen ihr und Kautsky bemerkbar, mit dem sie bisher stets völlig einig gegangen war. Rosa vertrat den russischen Standpunkt, während Kautsky ihr entgegenhielt, dass in Deutschland andere Vorbedingungen ein anderes Vorgehen erheischten. Bei jedem Zusammentreffen gab die Frage des Massenstreiks immer wieder Anlass zu neuen Erörterungen zwischen den beiden. Doch trotz der Leidenschaftlichkeit der Debatten störte kein Misston das alte Freundschaftsverhältnis. Dafür mag folgende Begebenheit Zeugnis ablegen.

Die deutsche Partei war durch ihre stets wachsende Ausdehnung veranlasst worden, dafür zu sorgen, dass ihr gutgeschulte Funktionäre immer in genügender Zahl zur Verfügung standen, und hatte, um diesen eine theoretische Vorbildung zu geben, im Jahre 1906 eine Parteischule gegründet, an der ihre besten Kräfte lehrten. Über Wirtschaftsgeschichte und Nationalökonomie hielt im ersten Kursus dieser Schule vom Oktober 1906 bis März 1907 Rudolf Hilferding Vorträge. Wenige Tage vor Eröffnung des zweiten Kursus erhielt Hilferding von der politischen Polizei die Androhung seiner Ausweisung aus Preußen, wenn er seine Tätigkeit an der Parteischule fortsetze.

Doch der boshafte Streich, mit dem man offenbar die Schule lahmzulegen vermeinte, ging daneben. Der Parteivorstand wandte sich an Kautsky, um ihn zur Übernahme des Lehramtes für Nationalökonomie zu gewinnen.

Dieser lehnte zwar für sich ab, schlug aber dafür Rosa Luxemburg vor, deren Wahl er aufs wärmste befürwortete. Sie wurde denn auch gewählt und begann ihren Kursus pünktlich am 1. Oktober 1907.

Durch diese Berufung ward sie vor die ehrenvolle Aufgabe gestellt, der neu heranwachsenden Generation in der Partei, und zwar deren besten Geistern – denn die Bezirke entsandten in diese als Hochschule gedachte Parteiinstitution nur besonders begabte und sorgfältig ausgewählte Parteimitglieder – die Grundzüge jenes Wissens beizubringen, auf denen diese ihre ganze künftige Parteiarbeit aufbauen sollten. Damit betrat Rosa nun ein völlig neues Gebiet, auf dem sie jedoch bald ganz Bewundernswertes leisten sollte.

Binnen kurzem herrschte nur eine Stimme darüber, dass sie ihre Aufgabe glänzend zu lösen verstehe; denn obgleich auch die anderen Lehrstühle, wie schon gesagt, mit sehr tüchtigen, ja hervorragenden Kräften aus der Partei besetzt waren, wurde Rosa doch unzweifelhaft als das geistige Haupt der ganzen Schule angesehen. Ihre Schüler vergötterten sie und empfanden den Umgang mit ihr jeden Tag als ein Geschenk, als eine neue Freude. Sie alle, die bis jetzt noch zum großen Teile in unserer Bewegung als Redakteure oder Parteisekretäre tätig sind, wissen noch heute nicht genug des Lobenden über ihr Wirken und ihren Einfluss auf sie zu erzählen, und für sie alle bildet der Gedanke an die Unterrichtsstunden bei ihr eine unauslöschliche Erinnerung.

Verstand sie es doch nicht nur glänzend, ihnen den Gegenstand, über den sie ihnen Vortrag hielt, fasslich und verständlich zu machen, nein, sie riss sie mit sich fort, sie erweckte in ihnen die Liebe zur Wissenschaft, sie belebte die ihnen früher trocken scheinende Materie, spornte ihren Eifer und ihren Wissensdurst an und erfüllte ihre Hörer mit demselben heiligen Feuer, das sie selbst durchglühte.

Hatte Rosa auf allen Gebieten, auf denen sie sich bisher betätigte, schon große Proben ihrer außergewöhnlichen Begabung gegeben, so schien es doch jetzt, als sei sie zu nichts so sehr befähigt als zur Pädagogin. Alle Vorbedingungen waren bei ihr dazu gegeben: Sie war nicht nur klug und kenntnisreich, sondern auch eine glänzende Rednerin, war ungemein schlagfertig und besaß auch jenes Maß von Selbstbewusstsein, jene Sicherheit im Auftreten, die jeder Lehrer braucht, wenn er auf seine

Schüler wirken soll. Sie fand denn auch große Befriedigung in ihrem Lehrberuf, und, während sie in früheren Stellungen, so z.B. als Redakteurin der **Dresdner Volkszeitung**, des **Vorwärts** usw., keine besondere Sesshaftigkeit an den Tag gelegt hatte, so schien das Lehramt sie dauernd zu fesseln, ihr Eifer dafür sich mit jedem neuen Schuljahr neu zu entflammen.

Eine bleibende Erinnerung an ihre Tätigkeit in der Parteischule bildet ihr Buch **Einführung in die Nationalökonomie**,[7] das den Leitfaden darstellt, den sie ihrem Unterricht zugrunde legte.

In den Frühling 1910 fielen die Wahlrechtskämpfe zum Preußischen Abgeordnetenhaus. Die Beteiligung daran hatte schon seit langem zu einer der meist umstrittenen Fragen in der Parteipresse gehört. Rosa war mit Kautsky für die Beteiligung gewesen, und ihre Auffassung hatte in der Partei gesiegt.

Als es aber an die Ausführung des Parteibeschlusses ging, schieden sich die Geister. Rosa entwickelte eine fieberhafte agitatorische Tätigkeit. Sie rief in ganz Preußen zu Massenaktionen auf, um den Kampf besonders wuchtig zu gestalten. Allerorten sollten die Massen auf den Straßen demonstrieren; wo es nur irgend anginge, sollten Massenstreiks veranlasst werden, die ihrer Ansicht nach einzig den Erfolg bringen konnten. Kautsky war anderer Meinung und vertrat seine gegenteiligen Ansichten in der **Neuen Zeit** in einem vielbeachteten Artikel »Was nun?«, wo er Rosas Auffassung lebhaft bekämpfte. Da trat Rosa ihm zum ersten Mal in der Öffentlichkeit scharf entgegen,[8] und es zeigte sich, dass der Gegensatz zwischen ihnen zu einem unüberbrückbaren geworden war, und dass selbst die größte persönliche Freundschaft nicht imstande war, die sachlichen Differenzen vergessen zu machen. Es blieb eine Verstimmung zurück, die sich im Verlaufe der Ereignisse vertiefte und schließlich zum Bruch führen sollte.

Rosas feurigem, mitreißendem Naturell entsprechend hatte sie in allen diesen Kontroversen in den radikalen Kreisen der Sozialdemokratie sich rasch eine Anhängerschaft zu erwerben gewusst, der alle jene Elemente angehörten, die das Tempo der revolutionären Entwicklung mit allen Mitteln zu beschleunigen versuchten. Bald zeigte sich deutlich, dass sich in der bisherigen Gruppe um Karl Kautsky eine rechte und eine linke Richtung zu bilden begann. Genauer gesagt, bildeten Rosa und ihre Parteigänger jetzt den äußersten linken Flügel in der deutschen Partei, Kautsky wurde dadurch in die Mitte, ins »Zentrum«, der Partei gedrängt, während deren rechter Flügel immer noch den reformistisch-revisionistischen Charakter von einst unverändert beibehielt. Von da an kämpfte Rosa nicht mehr wie in dem verflossenen Jahrzehnt Seite an Seite mit Kautsky, sondern begann in politischer Hinsicht ihre eigenen Wege zu gehen.

Immerhin gab es noch viele Punkte, in denen sie sich mit ihm in freundschaftlicher Weise verständigte, um so mehr, da beide Teile bestrebt waren, eingedenk der jahrelangen Freundschaft das gute Einvernehmen möglichst aufrechtzuerhalten.

Da kam der Krieg, und mit einem Schlag war alles grausam verändert.

Schrecklich wirkte die Tatsache des Kriegsausbruches auf Rosa, noch schrecklicher die Haltung der deutschen Sozialdemokratie, die sie fast dem Wahnsinn, ja, eingestandenermaßen dem Selbstmord nahebrachte. Die Bewilligung der Kriegskredite durch die Sozialdemokratie im Deutschen Reichstag war für sie das Signal, sich von den früheren Genossen, denen sie innerlich schon längst entfremdet war, nun endgültig loszusagen und mit einem Häuflein von engeren Gesinnungsgenossen ihre unterirdische Aufklärungsarbeit in der deutschen Arbeiterschaft zu beginnen, die sie auch dann nicht aufgab, als man sie ihrer persönlichen Freiheit beraubte.

Am 18. Februar 1915 musste sie nämlich im Weibergefängnis in der Barnimstraße in Berlin die Haftstrafe antreten, zu der sie wegen einer Rede über »Die politische und wirtschaftliche Lage und die Aufgaben des Proletariats« verurteilt worden war. Ihre Verteidigungsrede in jenem Prozess, der am 25. und 26. September 1913 in Frankfurt a.M. stattfand, und die nachher gedruckt erschien, hat große Berühmtheit in Parteikreisen erlangt.

Noch ehe sie ins Gefängnis ging, hatte sie den Plan gefasst, mit Franz Mehring eine marxistische Monatsschrift *Die Internationale* herauszugeben, in der sie ihren Standpunkt vertreten wollte. Die Zeitschrift wurde jedoch nach dem Erscheinen der ersten Nummer von der Zensur verboten.

Im Gefängnis schrieb sie dann im April zu demselben Zweck eine umfangreiche Broschüre unter dem Titel **Die Krise der Sozialdemokratie**, die unter dem Pseudonym Junius erschien. Die sogenannte **Juniusbroschüre** fand trotz ihrer geheimen Verbreitung doch ihren Weg zu vielen tausenden Kriegsgegnern im Inland und sogar im Ausland und weckte bei ihnen ein begeistertes Echo. Die Fülle der Gedanken, die Kühnheit der Sprache, die Schönheit der Diktion und der wahrhaft revolutionäre Inhalt stempeln dieses Werk zu einem der mächtigsten Dokumente gegen das Verbrechen des Krieges.

Ein weiteres Sprachrohr für ihre Agitation gegen den Krieg bildeten die sogenannten *Spartakusbriefe*, an denen sie ebenfalls vom Gefängnis aus heimlich mitarbeitete, und deren Seiten neben der Antikriegs-Propaganda auch von den beißendsten Ausfällen gegen den rechten Flügel und das sogenannte Zentrum der deutschen Sozialdemokratie erfüllt waren.

Als sie im März 1916 ihre Zelle verließ, stürzte sie sich sofort wieder in den Strudel der Ereignisse. Vor allem nahm sie neuerliche Fühlung mit allen links gerichteten Elementen, hauptsächlich mit Karl Liebknecht, dem sie schon von jeher und erst recht seit ihrer Trennung von der Gruppe Haase-Kautsky sehr nahe gestanden hatte. Er hatte als Arbeitssoldat ins Feld gemusst und weilte eben, von der Truppe beurlaubt, in Berlin. Gleich ihr hatte er seelisch fürchterlich unter dem Kriegsausbruch gelitten und war der Einzige gewesen, der im Parlament seit der zweiten Forderung für die Kriegskredite gegen deren Bewilligung gestimmt hatte. Von da ab fühlte sich Rosa mit ihm vollständig solidarisch, und mit ihm plante sie jetzt eine kühne Tat, denn das langsame Wirken der unterirdischen Propaganda, deren Resultate naturgemäß nicht augenblicklich in die Erscheinung treten konnten, stellte die Geduld der beiden Feuergeister auf eine allzu harte Probe. Sie beschlossen, das, was sie bis jetzt nur heimlich und verstohlen den Massen der Arbeiter zu sagen gekonnt hatten, einmal laut und vernehmlich in die von Schrecken und Angst gelähmte Welt hinauszuschreien. Mochten die Folgen für sie selbst noch so schlimm sein, sie hofften durch ihre Selbstaufopferung die stumpfen Geister aufzurütteln oder doch wenigstens den herrschenden Gewalten ein Menetekel zuzurufen.

Für den 1. Mai 1916 hatten die beiden ihre Anhänger nach dem Potsdamer Platz berufen. An eine größere Maidemonstration war bei dem militärischen Aufgebot an jenem Tage nicht zu denken, aber ein Häuflein Getreuer war doch erschienen, in dessen Mitte Liebknecht in seiner feldgrauen Uniform des Arbeitssoldaten auf die Straße trat und mit laut schallender Stimme »Nieder mit dem Krieg!« rief. Sofort war er von Schutzleuten in Zivil und Uniform umringt, Rosa und einige seiner Begleiter, die sich an ihn geklammert hatten, wurden beiseite gestoßen, und er wurde ins Gefängnis geschleppt. Wohl erregte sein Mut die Bewunderung aller freien Seelen, wohl sahen die Soldaten im Felde wie die Arbeiter in der Heimat, und nicht nur die der deutschen Nation, in ihm den Helden und den künftigen Befreier, aber jene tiefgehende Wirkung, die er von seiner Tat erwartet hatte, blieb aus – noch war die Zeit nicht erfüllt, und die Geister waren noch zu sehr geknebelt, als dass sein Ruf das richtige Echo wachgerufen hätte.

Rosa hatte man merkwürdigerweise frei nach Hause gehen lassen, und sie durfte sich noch etwa zwei Monate dieser Freiheit erfreuen, die sie zu weiterer Aufklärungsarbeit ausnützte. Am 10. Juli 1916 aber wurde sie auf militärischen Befehl in die sogenannte »Schutzhaft« genommen, die sich jedoch nur in ganz geringem Maße von einer Gefängnishaft unterschied.

Zuerst brachte man sie wieder in die Barnimstraße, von da bald darauf nach der Festung Wronke in der Provinz Posen und nach einem weiteren halben Jahre in das Breslauer Strafgefängnis.

Wie sie, die große Lebenskünstlerin, es verstand, selbst dort in der strengen Haft ihr Dasein zu einem menschenwürdigen zu gestalten, ja, wie sie es fertigbrachte, mehr Befriedigung, fast möchte man sagen, sogar ein größeres Maß von Glück aus diesem Dasein im Kerker zu schöpfen, als wir anderen in jenen schrecklichen Zeiten aus unserem Leben in der Freiheit, dafür legen ihre Briefe aus jenen Tagen ein beredtes Zeugnis ab. Sie vermögen dem Leser am besten einen Begriff von dem Reichtum ihres Geistes und der Größe ihrer Seele beizubringen. Wenn wir ihr, der Eingekerkerten, vom Leben Abgeschlossenen, durch unsere Briefe und Gaben die Einsamkeit zu verschönern, die Eintönigkeit ihrer Zelle zu beleben versuchten, so brachten ihre Briefe aus dieser Einsamkeit Licht und Farbe, Freude und Sonnigkeit in unsere verdüsterten Gemüter. Diese ihre Briefe aus den Gefängnissen zeigen sie von ihrer schönsten menschlichen Seite. Jeder einzelne von ihnen beweist, wie ein starker Geist über alle äußerlichen Widrigkeiten zu triumphieren, eine adlige Seele sich selbst über die Schrecknisse des Kerkers zu erheben vermag. Wie Korolenko nach seiner vier Jahre währenden Verbannung nach Jakutsk über diese Periode seines »Lebendig-begraben-seins« ohne Klage, ohne jede Bitterkeit, ja mit Humor berichtete, so enthalten auch Rosas Gefängnisbriefe Bilder von zartester poetischer Schönheit. Sie bedient sich »keiner Phrasen, keines lauten Pathos, keiner Sentimentalität«, die Briefe wirken durch »ihre Schlichtheit und Sachlichkeit« und sind doch von tiefer Herzenswärme und hoher Sittlichkeit durchdrungen.

Wenn ihre Gesundheit unter der aufreibenden Monotonie der langen Haft zu versagen drohte, wenn ihr feuriges Temperament sich an den

Gitterstäben der engen Zelle wund stieß, dann war ihr innerer Reichtum, ihre geistige Überlegenheit, dann waren immer wieder Studium und Arbeit die Zaubermittel, die sie aufrichteten und mutig ausharren ließen.

Und auf welch harte Proben wurde ihre Geduld gestellt! Das grandiose Drama der russischen Revolution von 1917, die Machtergreifung durch die russischen Bolschewiki, von denen viele, ja die meisten ihre alten Waffengefährten waren – Ereignisse, bei deren Geschehen jede Fiber ihres Wesens mit zitterte, bei denen aktiv mitzuwirken jeder Schlag ihres Herzens sie drängte – musste sie tatenlos als ohnmächtige Beschauerin an sich vorüberziehen lassen! Wer von uns vermöchte die Größe des Schmerzes voll zu ermessen, die Pein der Ungeduld, die Qual des Wartens voll nachzufühlen, die diesen zarten Körper erschütterte? ... Und doch keine Klagen, kein Jammer – gefasst, ja stoisch trug sie das ihr auferlegte harte Schicksal, bis endlich, endlich auch ihr die Stunde der Befreiung schlug.

Als die deutsche Armee geschlagen, der Kaiser geflohen und die Militärherrschaft mit einem Schlag beendet war, da öffneten sich von selbst die Gefängnisse für die politischen Häftlinge: Liebknecht wurde entlassen und in Berlin im Triumph empfangen, und bald darauf erschien auch Rosa in Berlin, nachdem sie vorher schon unmittelbar nach ihrer Befreiung in Breslau auf dem Domplatz eine Ansprache an die Massen gehalten hatte. Nicht einen Augenblick der Besinnung gönnte ihr das Schicksal. Noch matt und geschwächt von der langen Haft, noch gewöhnt an die öde Stille der Kerkerzelle, riss sie die Welle des Geschehens mitten hinein in den brausenden Strudel, in dem es kein Besinnen, kein Zögern gab, in dem es zu kämpfen galt, sollten sie die hochgehenden Wogen der Konterrevolution nicht verschlingen.

Die Kluft, die sich schon während der letzten Jahre zwischen der USPD und den Anhängern von Spartakus aufgetan, hatte sich immer mehr verbreitert, alle Bemühungen Hugo Haases und seiner Gruppe zur Überbrückung der immer schärfer gewordenen Gegensätze waren an der Unnachgiebigkeit der Spartakusleute gescheitert. Auf der Parteikonferenz der Berliner USPD Mitte Dezember kam es zu den heftigsten Zusammenstößen zwischen den beiden Richtungen, und Ende Dezember konstituierte sich die bisherige Spartakusgruppe als Kommunistische Partei. Sie beschloss die sofortige Herausgabe eines selbständigen Parteiorgans, **Die Rote Fahne**, das die von jetzt ab eingestellten Spartakusbriefe zu ersetzen bestimmt war und unter der Redaktion Liebknecht-Luxemburg erscheinen sollte.

Trotzdem aber an dem Kopf des neugegründeten Organs neben dem Namen von Karl Liebknecht auch der Name Rosas als Gründerin prangte, so befand sie sich doch schon von Beginn an im Gegensatz zu vielen ihrer Anhänger und Mitarbeiter. Gleich dem Goetheschen Zauberlehrling hatte Rosa manche Geister heraufbeschworen, die sie nicht mehr zu beherrschen imstande war, und die im Verfolg ihrer eigenen Ideen weit über das hinausschossen, was Rosa sich als vorläufig erreichbares Ziel gesteckt hatte.

So unterschied sie sich z.B. von dem Gros ihrer Partei in der lebenswichtigen Frage der Beteiligung an den bevorstehenden Wahlen zur konstituierenden Nationalversammlung; Rosa betrachtete diese Beteiligung als unerlässlich und verlangte sie kategorisch. Aber sie holte sich in dieser Frage ihre erste Niederlage auf dem Gründungsparteitag der Kommunisten, musste erkennen, dass sie den blind Vorwärtsdrängenden gegenüber machtlos sei, und musste manches geschehen lassen, womit sie durchaus nicht einverstanden war.

Aus der revolutionären Erhebung gegen den Militärstaat war durch diese Gegensätze im Proletariat und den Differenzen zwischen dessen Führern blutigster Bürgerkrieg geworden. Dem Bürgertum ging es um die Wiederherstellung des Geistes des alten Systems unter der Losung »Ruhe, Ordnung und Sicherheit«. Die Kommunisten aber wollten um jeden Preis die Revolution »weitertreiben«. Die rechtsstehenden Sozialdemokraten, den wirtschaftlichen Zusammenbruch Deutschlands fürchtend, sahen die größere Gefahr in der Erstarkung der linksgerichteten Elemente. Sie bedienten sich des noch bestehenden militärischen Apparates und der alten Offiziere in dem Wahn, diese zu beherrschen und fest in der Hand zu haben, um den äußersten linken Flügel niederzuhalten, der unter der Führung von Rosa und Karl Liebknecht stand. Die Kämpfe, die mit der größten Erbitterung geführt wurden, sollten bald zur Endkatastrophe führen. Überall in den Straßen kam es täglich zu blutigen Zusammenstößen, und was sich in einem Vorort der Stadt ereignete, darüber wurden in den anderen Vierteln maßlos übertriebene Gerüchte kolportiert.

Gegen Rosa und Liebknecht und deren Anhänger richtete sich die Hauptwut der verhetzten Soldateska, da sie in ihnen die geistigen Urheber der täglich sich erneuernden Angriffe auf ihre Truppen sahen, ihnen beiden die Schuld an den Opfern beimaßen, die täglich fielen. Auf Rosa und Karl wurde daher von ihnen aufs Eifrigste gefahndet, und die beiden waren stets auf der Flucht, waren dauernd gezwungen, sich zu verstecken, durften ihr Heim nicht betreten, wollten sie sich nicht der Gefahr aussetzen, den militärischen Häschern in die Hände zu fallen. Kurze Zeit gelang es ihnen, sich verborgen zu halten. Aber entweder allzu kühn gemacht durch das bisherige Gelingen oder müde vielleicht dieses ewigen Gehetzt-seins ließen sie bei ihrem letzten Aufenthalt, den sie im Westen Berlins bei Gesinnungsgenossen nahmen, mit der Vorsicht sehr nach. Unter den bourgeoisen Bewohnern des Hauses sprach es sich bald herum, welch ungebetene Gäste sich ohne weiteres dort einquartiert hatten.

Die Denunziation ließ nicht auf sich warten, und das Militär stürzte sich schleunigst auf seine Opfer. Unter starker Bedeckung wurden die beiden in das Hotel Eden gebracht, wo der Stab der Brigade Reinhard seinen Sitz hatte. Es ist nicht anzunehmen, dass Rosa in vollem Umfang das Schicksal ahnte, das ihr bevorstand. War sie auch ohne Zweifel mit dem Gedanken an den Tod vertraut – aus einigen ihrer letzten Briefe an gemeinsame Freunde geht das sogar klar hervor –, der sie, sei es im offenen Straßenkampf, sei es durch eine heimtückische Kugel täglich bedrohte, so scheint sie doch bei dieser ihrer letzten Festnahme eher erwartet zu haben, dass es sich, wie früher schon so oft, nur darum handelte, sie ins Gefängnis zu bringen, um sie wieder für eine Weile unschädlich zu machen. Darauf lässt der Umstand schließen, dass sie sich ein Köfferchen mit Wäsche und Büchern mitnahm, als die Soldaten sie abführten. Heiter verabschiedete sie sich von ihren Wirten, heiter trat sie die Fahrt an, die ihre letzte sein sollte.

Was die Herren Offiziere vom Stab Reinhard mit Rosa besprachen, worüber sie mit ihr verhandelten, darüber ist in die Öffentlichkeit nie Gewissheit gedrungen. Nach den späteren Ereignissen zu schließen, dürften diese tapferen Gentlemen wohl die wehrlose zarte Frau gemein beschimpft haben, um ihr Mütchen an der Verhassten zu kühlen und sie ihre Macht fühlen zu lassen. Aber mögen die Herren Leutnants Vogel, Pflug-Hartungk, Krull und wie die Edeln geheißen haben, auch den Schein einer

Rosa Luxemburg (vorn) und Luise Kautsky, Sommer 1909

ordnungsmäßigen Verhandlung gewahrt haben, Tatsache ist, dass die Mordbuben schon vorher entschlossen waren, nicht zu dulden, dass Rosa lebend das Gebäude verlasse. Es hatten sich nur allzu willige Werkzeuge gefunden, die es auf sich nahmen, die bestialische Tat zu vollführen. Als sie aus der Pforte des Hauses auf die Straße trat, schlug sie ein Unteroffizier namens Runge mit dem Gewehrkolben nieder, so dass sie ohnmächtig zu Boden sank. Man hob die beinahe Leblose auf, warf sie in das bereitstehende Automobil, und da sie noch Lebenszeichen gab, schoss ihr einer der beteiligten Helden, man nimmt an, der ehrlose Leutnant Krull, eine Kugel durch den Kopf.

Der gedungene Mörder Runge, der sich später mit seinen noblen Auftraggebern entzweite, hat die grausige Szene in allen ihren Einzelheiten sowohl in der Redaktion des *Vorwärts* wie vor dem Richter geschildert. Immerhin ist bei der intellektuellen und moralischen Minderwertigkeit dieses Zeugen noch vieles in dem Drama unaufgeklärt. Die wackeren Herren Offiziere waren aber mit ihrer Heldentat noch nicht völlig zufrieden. Sie fürchteten auch noch die Tote und deren Einfluss auf ihre Anhänger in den proletarischen Massen. Es galt daher, den Leichnam zu beseitigen und ein Märchen von Widerstand und Flucht zu ersinnen, um die Öffentlichkeit zu täuschen und die Wut und die Rache der empörten Anhänger Rosas von sich abzulenken. Nach Meuchelmörderart fügte man zur Bestialität noch die Feigheit hinzu, und die Herren wagten nicht, zu ihrer Tat zu stehen.

Der Leichnam war und blieb verschwunden, und aus den an dem heimtückischen Mord Beteiligten war, soweit sie es nicht überhaupt vorgezogen hatten, feige zu fliehen, nichts herauszubekommen als phantastische Lügen. Nach einer Version sollte eine wütende Menschenmenge Rosa aus dem Automobil herausgeholt und gelyncht haben, nach einer zweiten sollte die bereits Tote ihren Mördern entrissen und der Leichnam verschleppt worden sein. Doch meldeten sich auch Augenzeugen, die behaupteten, gesehen zu haben, dass der Leichnam ins Wasser geworfen worden sei.

Monatelang wusste man nichts Genaueres über den Hergang der Begebenheit, und schon entstanden Legenden um das Schicksal der Gemordeten. Und ihre Anhänger gaben die Hoffnung nicht auf, dass sie eines Tages plötzlich wieder auftauchen und ihnen führend voranschreiten werde.

Bis nach Monaten der entstellte Leichnam vom Wasser angeschwemmt wurde und jeder Zweifel vor der grausigen Wirklichkeit verstummen musste. Wie Rosa gestorben ist, darüber werden wir wohl nie volle Gewissheit erlangen. Dass sie furchtlos und mutig war und dem Tode ruhig ins Auge blickte, davon geben die Briefe Zeugnis, die sie kurz vor ihrem Tode schrieb. Dass sie für die ihr heilige Sache offenes Auges in den Tod ging, das beweist der Umstand, dass sie in Berlin aushielt und nicht an Flucht ins Ausland dachte.

Grauenhaft ist für uns Überlebende die Vorstellung, dass ihr letzter Blick auf die vertierten Gesichter von bezahlten Schuften und gedungenen Mördern fiel. Dass sie, die an das Gute im Menschen so fest glaubte und für diesen Glauben kämpfend in den Tod ging, in ihrer letzten Stunde von solchem Abschaum der Menschheit umgeben sein musste ...

Aber wenn die Begleitumstände ihres Todes bei ihren Freunden auch die Trauer um ihren Verlust noch verschärften, so verhehlte sich doch keiner von ihnen, dass dieser Opfertod nur ein konsequenter Abschluss ihres an Opfern so reichen Lebens war, das im Grund nichts als eine einzige Kette von Kämpfen zur Befreiung des Proletariats gewesen ist. Und dieser Tod, der erschütternd und erhebend zugleich wie die eherne Tragik einer antiken Tragödie wirkt, er sichert ihr den Platz in dem Pantheon der ganz Großen, in dem die Menschheit ihre edelsten Märtyrer bestattet.

Anmerkungen

1   Der sogenannte Sächsische Garten [Ogród Saski], der größte Stadtgarten in Warschau.

2   Wladimir KOROLENKO: **Die Geschichte meines Zeitgenossen**, übersetzt und eingeleitet von Rosa Luxemburg. 2 Bde., Berlin (Paul Cassirer) 1919. [In einer elektronischen Textsammlung als heptagon-CD neu publiziert: Rosa LUXEMBURG: **Schriften und Reden**, hrsg. von Günter Regneri, Berlin (heptagon) 2006, ISBN 978-3-934616-83-7.]

3   Siehe LUXEMBURG: **Briefe an Karl und Luise Kautsky**: Briefe 1–10.

4   Über seinen Tod siehe LUXEMBURG: **Briefe an Karl und Luise Kautsky**: Brief 76 vom 27. Dezember 1915. Rosa schreibt dort an mich: »Jetzt hat mich Vaillants Tod tief ergriffen. Du erinnerst Dich sicher, dass ich mit ihm speziell persönlich befreundet war, mehr sogar als mit Guesde. Ich habe den Alten tief und aufrichtig verehrt und bewahre ihm trotz allem dieses Gefühl ungeschmälert.«

5   LUXEMBURG: **Briefe an Karl und Luise Kautsky**: Briefe 32–37.

6   Ebenda: Briefe 38–41.

7   Rosa LUXEMBURG: **Einführung in die Nationalökonomie**, Berlin (E. Laubsche Verlagsbuchhandlung) 1924. [Als heptagon-E-Book neu publiziert: Rosa LUXEMBURG: **Einführung in die Nationalökonomie**, Berlin (heptagon) 2012, ISBN 978-3-934616-51-6.]

8   Siehe auch: LUXEMBURG: **Briefe an Karl und Luise Kautsky**: Brief 65, Fußnote 1 und 2.

Rosa Luxemburgs Charakterbild

Die Mitteilungen über Rosas Kindheit zerstören die weitverbreitete Legende, dass Rosa von armen Eltern stamme und sich aus der Tiefe der Gesellschaft erst empor ringen musste.

Sie ist im Gegenteil in einem behaglichen, bürgerlichen Milieu aufgewachsen. Mochte sie auch die Schweizer Studienzeit und das Leben im Exil ein wenig zur Bohemienne gestempelt haben, so verblieb ihr doch zeitlebens das Streben nach geordneten Verhältnissen und gut ausgestatteten, gemütlichen eigenen Wohnräumen, in denen sie ruhig und ungestört ihren wissenschaftlichen Arbeiten nachgehen konnte. Der Sehnsucht nach »ihrem roten« und »ihrem grünen« Zimmer und nach dem tiefen Lehnstuhl, in den sie sich schmiegen möchte, hat sie in so manchem ihrer Briefe lebhaften Ausdruck gegeben.

Wohl hatte sie in den Jahren in der Schweiz und in den ersten Zeiten in Deutschland oft unter Geldverlegenheiten zu leiden – das Wort Geldsorgen wäre bei ihr, die in privaten Finanzfragen mehr von der Grille als von der Ameise hatte, nicht am Platze gewesen[1] –, aber nicht nur fand sie überall, wo sie hinkam, gute, hilfsbereite Freunde, sondern sie hat sich auch in den letzten zwei Jahrzehnten ihres Lebens aus eigener Kraft eine auskömmliche Existenz und ein gemütliches Heim zu schaffen gewusst. Ihr Leben wird nun ein ganz behagliches. Sie versagt sich nichts, was ihr das Leben lebenswert macht: Reisen, gute Musik, gewählte Lektüre. »Denn nicht zuletzt gehörte die Gabe des Genießens zu ihrem vollen Menschentum.«

Äußerst wählerisch war sie im Umgang mit Menschen. Mochte sie auch bei manchem der ihr treuergebenen Genossen über viele Schwächen hinwegsehen und ganz freundschaftlich mit ihm verkehren, in die tiefste Kammer ihres Herzens ließ sie doch nur ganz wenige Auserwählte ein.

Von den eingangs genannten Adressaten von Rosas Briefen gehörten einige mehr oder weniger in den verschiedenen Perioden ihres Lebens zu diesen ihren Auserwählten. Freilich nach verschiedenen Graden, je nachdem sie politisch mit ihnen übereinstimmte, was natürlich mit den Situationen wechselte, oder je nachdem sie sich aus anderen Gründen zu ihnen hingezogen fühlte, aus Gründen, die ihren Ursprung auf künstlerischem, wissenschaftlichem oder rein seelischem Gebiet haben mochten. Denn ihr tiefer, gründlicher Geist, der in alle Wissenschaften eindringen wollte, ihr unbestechlicher Verstand, und vor allem ihr ausgeprägter politischer Sinn, ihre hohe Intelligenz waren gepaart mit einer überraschenden künstlerischen Vielseitigkeit, zu deren Entfaltung sie den Umgang mit Politikern wie mit Arbeitern, mit Wissenschaftlern wie mit Künstlern und Literaten gleicherweise nötig hatte. Dass sie, wäre sie nicht »aus Versehen in den Strudel der Weltgeschichte« hineingerissen worden, eine erfolgreiche Dichterin geworden wäre, dafür zeugen ihre Briefe, in denen sie sich oft zu wahrhaft dichterischem Schwung emporhebt. Dafür zeugen auch fast alle jene Artikel, in denen sie sich zum Anwalt der Erniedrigten und Enterbten macht und an das soziale Gewissen appelliert. Dafür zeugt die Juniusbroschüre, die vom höchsten Pathos getragen ist. Dafür zeugt aber vor allem ihre unvergleichliche Einleitung zu der von ihr mit unendlicher Sorgfalt verfassten Übersetzung zur Selbstbiographie Wladimir Korolenkos, dem ihre ganze Liebe und Verehrung gehörte.[2]

Einen Beweis ihrer Vielseitigkeit gab sie ihren Freunden ganz unerwartet eines Tages, als sie sie mit einem schönen, lebenswahren, künstlerisch wohlgelungenen Porträt ihrer Haushälterin überraschte, das sie binnen einigen Tagen nach wenigen Sitzungen auf die Leinwand gezaubert hatte. Zeichnen war schon seit ihrer frühen Kindheit immer eine ihrer Lieblingsbeschäftigungen in ihren Mußestunden gewesen; aber plötzlich war ihr auch die Lust zur Ölmalerei gekommen, das schöne rosige Gesicht »ihrer Gertrud« hatte sie gelockt und inspiriert, und ohne sich von den technischen Schwierigkeiten abschrecken zu lassen, war sie keck an die Ausführung ihres Vorsatzes geschritten, hatte sie »die Klinge des Journalisten mit Pinsel und Palette des Künstlers vertauscht«. Ihr erster Versuch erregte durch seine Vollkommenheit das Staunen sogar von Berufsmalern. Und diesem ersten Versuch folgte eine ganze Reihe gelungener Porträts, unter anderen eines meiner Nichte, meines Sohnes und unseres gemeinsamen Freundes Hans Diefenbach, die sich im Besitz meiner Familie befinden.

Und war es gestern die Malerei, von der sie förmlich besessen war – sagt sie doch selbst in einem Brief an mich darüber: »Genau wie vor sechs Jahren das Malen, wo ich von morgens bis abends nichts machte als vom Malen träumen« –, so war es heute die Botanik, für die sie, wie sie sich ausdrückt, »einen Rappel« bekam. Sie schreibt mir darüber im September 1915 aus dem Gefängnis in der Barnimstraße: »Vor zwei Jahren, in Südende, packte mich die Leidenschaft für Pflanzen; ich fing an zu sammeln, zu pressen und zu botanisieren. Vier Monate lang machte ich buchstäblich nichts anderes als im Feld schlendern oder zu Hause zu ordnen und zu bestimmen, was ich von den Streifzügen mitbrachte. Jetzt besitze ich zwölf vollbepackte Pflanzenhefte und orientiere mich sehr gut in der ›heimischen Flora‹, z.B. im Lazaretthof, wo ein paar Sträucher und üppiges Unkraut zur Freude der Hühner und der meinigen gedeihen. So muss ich immer etwas haben, was mich mit Haut und Haar verschlingt, so wenig sich das für eine ernste Person ziemt, von der man – zu ihrem Pech – immer etwas Gescheites erwartet ...«[3]

Gestern und heute waren es Malerei und Botanik, die sie ganz ausfüllten, morgen mochte es die Geologie sein, in die sie sich versenkt. »Ich arbeite jetzt an der Geologie und habe viel Freude. Der Horizont weitet sich einem ordentlich aus«, schreibt sie mir am 21. Februar 1911. Dann war es wieder die Ethnologie, in die sie sich mit einem solchen Feuereifer vergrub, dass sie darüber fast alles vergaß. Denn, wie sie mir wieder einmal schreibt, um mich über »die Misere der schiefgehenden Weltgeschichte« von 1917 zu trösten:

»Auch wenn die gesamte Welt aus den Fugen geht, da suche ich nur zu begreifen, was und weshalb es passiert ist, und habe ich meine Pflicht getan, dann bin ich ruhig und guter Dinge ... Und dann bleibt mir noch alles, was mich sonst erfreute: Musik und Malerei und Wolken und das Botanisieren im Frühling und gute Bücher und Mimi und Du und noch manches – kurz, ich bin steinreich und gedenke es bis zum Schluss zu bleiben. Dieses völlige Aufgehen im Jammer des Tages ist mir überhaupt unbegreiflich. Schau z.B., wie ein Goethe mit kühler Gelassenheit über den Dingen stand. Denk doch, was er erleben

musste; die große französische Revolution, die doch aus der Nähe gesehen sicher wie eine blutige und völlig zwecklose Farce sich aus-
nahm, und dann von 1793 bis 1815 eine ununterbrochene Kette von
Kriegen, wo die Welt wiederum wie ein losgelassenes Irrenhaus aus-
sah. Und wie ruhig, mit welchem geistigen Gleichgewicht trieb er
gleichzeitig seine Studien über die Metamorphose der Pflanzen, über
Farbenlehre, über tausend Dinge. Ich verlange nicht, dass Du wie
Goethe dichtest, aber seine Lebensauffassung – den Universalismus
der Interessen, die innere Harmonie – kann sich jeder anschaffen
oder wenigstens anstreben. Und wenn Du etwa sagst: Goethe war
kein politischer Kämpfer, so meine ich: Ein Kämpfer muss erst recht
über den Dingen zu stehen suchen, sonst versinkt er mit der Nase in
jedem Quark – ...«[4]

In diesen Sätzen spiegelt sich jene Rosa, der die Goethesche Universali-
tät als Ideal vorschwebte, von der sie auch unleugbar einen Teil, und keinen geringen, besaß, so wie sie auch, Goethes Beispiel folgend, immer
bestrebt war, ihr Leben bewusst zu gestalten.

Helene Stöcker berichtet in ihrer schönen Vorrede zu **Karoline Michaelis**, der späteren Gattin von Wilhelm August Schlegel, dass diese
Frau in besonders reichem Maße »die große Kunst der Künste, die Kunst
zu leben,« besessen hätte. Diese Kunst besaß auch Rosa in seltenem Maße. Auch ihr war »die Gestaltung des Lebens ebenso wichtig oder viel-

leicht wichtiger als die Gestaltung der Gedanken«, und auch ihr schien es »Pflicht und innerstes Bedürfen, die vollkommene Einheit zwischen Fühlen, Denken und Wollen, zwischen Denken und Handeln herzustellen«.

Und ebenso gilt von Rosa, was Helene Stöcker von Karoline schreibt: »So wechselnd und reich an äußeren Geschicken ihr Leben war, so ist es doch nicht dieser äußere Wechsel, der sie zuletzt und am stärksten charakterisiert. Nicht das ›Was‹ ihres Lebens, sondern das ›Wie‹ gibt ihr den Wert. Das Vertrauen auf den inneren Genius in ihr hat sie in ihrem Leben nie verlassen ...«

Aber dieselbe Rosa konnte wieder Sätze wie die folgenden schreiben:

»Auch Du, Liebste, willst nichts von meinem ›Glück im Winkel‹ hören und hast dafür nur Spott. Aber ich muss doch Jemanden haben, der mir glaubt, dass ich nur aus Versehen im Strudel der Weltgeschichte herumkreisle, eigentlich aber zum Gänsehüten geboren bin. Also Du sollst es glauben, hörst Du?«[5]

Und konnte mir ein andermal wieder poetisch klagen: »Dieses Lüftchen, das verräterische, es lockt mich schon wieder in die Ferne – ich weiß selbst nicht wohin. Das Leben spielt mit mir ewiges Haschen. Mir scheint es immer, dass es nicht in mir, nicht dort ist, wo ich bin, sondern irgendwo weit. Damals zuhause schlich ich mich in den frühesten Morgenstunden ans Fenster – es war ja streng verboten, vor dem Vater aufzustehen –, öffnete es leise und spähte hinaus in den großen Hof ... Es lag eine weihevolle Stille der Morgenstunde über der Trivialität des Pflasters, oben in den Fensterscheiben glitzerte das Frühgold der jungen Sonne, und ganz oben schwammen rosig angehauchte Wölklein, bevor sie im grauen Großstadthimmel zerflossen. Damals glaubte ich fest, dass das ›Leben‹ das ›richtige‹ Leben, irgendwo weit ist, dort über die Dächer hinweg. Seitdem reise ich ihm nach, aber es versteckt sich immer hinter irgend welche Dächer. Am Ende war alles ein frevelhaftes Spiel mit mir, und das Leben ist gerade dort im Hofe geblieben ...«[6]

Manchmal verwundert sie sich selbst darüber: »Wie merkwürdig das ist, dass ich ständig in einem freudigen Rausch lebe ohne jeden besonderen Grund,« oder »Weißt Du noch, wie wir einmal von einem Abend bei Bebel zurückkamen und um Mitternacht auf der Straße ein Froschkonzert aufführten? Da sagtest Du, Du wärest immer, wenn wir zusammen sind, ein wenig im Rausch, als hätten wir Sekt getrunken. Gerade das liebe ich bei Dir, dass ich Dich immer in die Champagnerstimmung bringen kann, wo uns das Leben in den Fingern prickelt und man zu jeder Narretei aufgelegt ist«.[7] Und wie ein Fieber packt es sie, wenn sie von einer Arbeit hingerissen wird: »Das war damals wie ein Rausch, als ich es (ihr Buch über **Die Akkumulation des Kapitals**, L.K.) schrieb; ich schwöre Dir, dass es von Anfang bis Ende die erste Niederschrift ist, die ich ungelesen in Druck gab, so hatte es mich gepackt.«[8]

Viele dieser Aussprüche kontrastieren seltsam mit dem Bild, das sich alle diejenigen von ihr machten, die sie nur oberflächlich kannten und nichts von der Zartheit ihrer Seele ahnten. Aber auch ihre besten Freunde konnten sich Rosa eher als eine Jungfrau von Orleans denn als ein Klärchen vorstellen. Auch sie gehörte, wie Harry Keßler in seiner schönen Rathenau-Biographie von diesem sagt, »nach ihrer seelischen Struktur« zu den Menschen, die Nietzsche in der **Fröhlichen Wissenschaft** gezeichnet und »vorbereitende tapfere Menschen« genannt hat. »Menschen, die mit innerlichem Hang in allen Dingen nach dem suchen, was in ihnen zu überwinden ist,« und die weiter gekennzeichnet werden als »gefährdetere Menschen, fruchtbarere Menschen, glücklichere Menschen!« »Denn ... das Geheimnis, um die größte Fruchtbarkeit und den größten Genuss vom Dasein einzuernten, heißt gefährlich leben.«

Ich weiß nicht, ob Rosa diesen Ausspruch Nietzsches kannte, aber dass er ihr Wesen gut kennzeichnet, springt in die Augen. Klingt er doch wie eine Variation zu ihren eigenen Worten: »Sie wissen, ich werde doch mal auf meinem Posten sterben: in einer Straßenschlacht oder im Zuchthaus ...« Oder: »Wir alle stehen unter dem blinden Schicksal, mich tröstet nur der grimmige Gedanke, dass ich doch auch vielleicht bald ins Jenseits befördert werde, vielleicht durch eine Kugel der Gegenrevolution ...« Gefährdet und gefährlich leben, so fasste sie das Leben auf. »So ist das Leben seit jeher, alles gehört dazu: Leid und Trennung und Sehnsucht.

Man muss es immer mit allem nehmen und alles schön und gut finden. Ich tue es wenigstens so.« Und dass sie zu ihren Worten stand, das hat sie bewiesen im Leben wie im Tod.

Sie, die sich kindlich zu freuen vermochte an Blumen und Vögeln, an Wolken und Sonnenschein, an allem, was das Leben verschönt, verstand es auch, im gegebenen Fall die zarte Seele in »rauhes Erz« zu hüllen, die Feder gleich einem Schwert zu handhaben und mit unerbittlich scharfen Worten die Schwächen des Gegners zu geißeln. Was Conrad Ferdinand Meyer, einer ihrer Lieblingsdichter, seinen Ulrich von Hutten sagen lässt:

»Mich reut, dass ich in meine Fehden trat
Mit schärfren Streichen nicht und kühnerer Tat!
Mich reut die Stunde, die nicht Harnisch trug,
Mich reut der Tag, der keine Wunde schlug!
Mich reut – ich beicht es mit zerknirschtem Sinn, –
Dass nicht ich Hutten stets gewesen bin!«

Das war ihr aus dem Herzen gesprochen, das entsprach ihrer streitbaren Kampfnatur.

Aber zuzeiten konnte sie auch wieder sinnend und sogar grüblerisch denselben Dichter zitieren:

»Das heißt, ich bin kein ausgeklügelt Buch,
Ich bin ein Mensch mit seinem Widerspruch.«

Anmerkungen

1   An dieser Stelle darf vielleicht auf eine sowohl für Rosa als für den Schreiber sehr bezeichnende Äußerung hingewiesen werden, die sich in dem nachgelassenen Testament von Dr. Hans Diefenbach findet. Er schreibt dort: »Meiner Freundin Rosa Luxemburg vermache ich die Summe von M. ... jedoch mit einer Klausel. Die genannte Summe soll von irgendeiner entsprechenden Instanz, z.B. von meiner Schwester, verwaltet und der Erbin der jährliche Zins bis zu ihrem Tode regelmäßig ausbezahlt werden.
Ich treffe diese Bestimmung, da meine ausgezeichnete Freundin in der Privatökonomie vielleicht keine ganz so geniale Meisterin ist wie in der Nationalökonomie ...«

2   KOROLENKO: **Geschichte meines Zeitgenossen**.

3   LUXEMBURG: **Briefe an Karl und Luise Kautsky**: Briefe 74.

4   Ebenda: Brief 82.

5   Ebenda: Brief 74.

6   Ebenda: Brief 24.

7   Ebenda: Brief 82.

8   Ebenda: Brief 74.

Rosas Eigenart als Frau

Rosas Charakterbild wäre nicht vollständig, und es wäre unrecht, von ihrer Vielseitigkeit zu sprechen, ohne einer Seite ihres Wesens zu gedenken, die zu ihren sympathischsten gehört: ihrer echten Weiblichkeit.

Wohl liebte sie es, nach außen hin, stolz und streng zu scheinen, und wenn sie in der Öffentlichkeit, sei es in Versammlungen, sei es auf Kongressen, sei es selbst im Lehrsaal, auftrat, einen Panzer von Wissenschaftlichkeit und theoretischer Unnahbarkeit anzulegen, wohl wies sie es sogar von sich, mit Parteigenossen, von denen sie auch nur eine leise Nuance sachlich-politisch trennte, sich an einen Tisch zu setzen, weil ihr das die Kraft nähme, gegen sie mit der ihr geboten scheinenden Schärfe aufzutreten.

Aber unter dem Panzer, mit dem sie sich für den »Beruf« gürtete, schlug ein sehr weiches Herz, das nicht nur groß und edel, sondern auch mütterlich zu fühlen vermochte.

Dass eine der größten Triebfedern ihres Wollens und Wirkens und ihrer ganzen Tätigkeit im Dienste der Erniedrigten und Enterbten nicht nur ein Resultat ihrer wissenschaftlichen Erkenntnis, ein Ausfluss ihres starken Gerechtigkeitssinnes, sondern in letzter Linie ihres Mitleids war, wer wollte daran zweifeln?

Einer ihrer Glaubenssätze lautete:

> »Rücksichtsloseste revolutionäre Tatkraft und weitherzigste Menschlichkeit – dies allein ist der wahre Odem des Sozialismus. Eine Welt muss umgestürzt werden, aber jede Träne, die geflossen ist, obwohl sie abgewischt werden konnte, ist eine Anklage, und ein zu wichtigem Tun eilender Mensch, der aus roher Unachtsamkeit einen Wurm zertritt, begeht ein Verbrechen.« (**Rote Fahne**, Januar 1919.)

Einer ihrer schönsten in der **Leipziger Volkszeitung** erschienenen Leitartikel galt einem Häuflein armseliger Lumpenproletarier aus dem Berliner Obdachlosenheim, die, um ihr Elend zu vergessen, sich mit Methylalkohol sinnlos betrunken hatten und nun jammervoll zugrunde gehen mussten. Das Schicksal dieser Ärmsten der Armen, die, ausgestoßen von der Gesellschaft unter qualvollen Schmerzen verreckten, entlockte ihr Worte des tiefsten Schmerzes und der wuchtigsten Anklage gegen eine Gesellschaftsordnung, in der solche Armut, solches Elend möglich sind.

Es ist viele Jahre her, dass ich diesen Artikel gelesen habe, aber noch heute klingt er ergreifend in mir nach. »Ergreifen und erschüttern kann nur, wer selbst ergriffen und erschüttert ist,« sagt Rosa mit Recht in der schon erwähnten Vorrede zur Biographie Korolenkos. Und weiter sagt sie dort:

> »Zur bleibenden Wirkung, zur wirklichen Erziehung der Gesellschaft gehört mehr als Talent: dichterische Persönlichkeit, Charakter, Individualität, die im Felsgrund einer großen geschlossenen Weltanschauung verankert sind.«

Und ein Pfeiler dieser Weltanschauung war bei Rosa das Mitleid. Wenn sie nicht nur von ihren politischen Mitgefangenen im Warschauer Festungsgefängnis, sondern auch von den gemeinen Verbrecherinnen und den inhaftierten Prostituierten dort geachtet, geliebt und als Schiedsrichterin aufgerufen wurde, wenn sie sich selbst die bärbeißigsten, rüdesten preußischen Schließer und Gefängnisaufseherinnen zu Freunden zu machen wusste, so war es das Mitgefühl mit diesen Menschen, das sie ihnen gegenüber so menschliche Töne finden ließ, dass deren Rauheit freundlicheren Gefühlen Platz machte.

Und auch darin kann man wieder die Festigkeit und Bewusstheit ihrer Lebensführung bewundern, denn es ist Tolstoi, dessen Lehren ihr hier vorbildlich sind und dessen Worte ihr vorschweben, wo er spricht, »nicht von dem Mitleid mit den gemordeten allein, sondern auch mit jenen getäuschten, einfachen, missbrauchten Menschen: den Gefängniswärtern, Aufsehern, Henkern, Soldaten, die all die Scheußlichkeiten verüben, ohne zu wissen, was sie tun.«

Alles Leid der Kreatur fühlt sie mit, Mensch oder Tier gilt ihr gleich, wenn sie an ihr Herz appellieren. Einer ihrer wundervollsten Briefe aus dem Gefängnis ist der an Sophie Liebknecht gerichtete, in dem sie erzählt, wie der Anblick eines blutig geschlagenen Büffels ihr Tränen entlockt.

Und noch viele andere Briefstellen zeugen dafür, wie warm ihr Herz für alle Lebewesen schlägt. »Zu meiner ständigen Gesellschaft im Zimmer hier«, schreibt sie mir scherzend im Mai 1909 aus einem Ferienaufenthalt, »gehört eine ganze Katzenfamilie: die hiesige Mimi mit zwei reizenden Kätzlein, die von mir mit großer Pünktlichkeit gefüttert, zu Bett gelegt und geweckt werden. Was aus diesen schönen Anfängen der Erziehung nachher wird, wenn ich fortgehe – das Herz blutet, wenn ich daran denke ...« Und ein andermal schreibt sie mir wieder ebenso scherzhaft: »Ich habe Unglück in der Familie gehabt: Puck (ihr Kaninchen) ist von der Treppe gefallen und hat sich eine Pfote gebrochen. Also: Angst, Arzt, Umschläge, schlaflose Nächte usw. Jetzt geht es schon besser, aber

das Biest zernagt sich alle Augenblicke den Verband und sogar der Aus-
klopfer hilft nichts.«[1]

Aus einem anderen Ferienaufenthalt schreibt sie mir im Juli 1904: »...
und genieße dabei die treue Gesellschaft eines à la Löwe geschorenen
Vierfüßlers, genannt ›Lump‹ (les beaux esprits se rencontrent)[2], der mich
jeden Morgen mit lautem Freudengebell begrüßt, wenn ›wir‹ spazieren
gehen. Alle konstatieren und bewundern dabei, dass seine Intelligenz mit
dem regen geistigen Verkehr mit mir zusehends wächst ... Nun schnell
einen Kuß und einstweilen Adieu – ›Lump‹ ruft mich und die ›Lumpin‹ ist
immer willig – spazieren zu gehen.«[3]

Da das zweite Kaninchen Mimi das Zeitliche gesegnet, verschafft sie
sich eine Katze, der sie denselben Namen gibt, und die fortan in ihrem
Leben eine große Rolle spielt.

In jedem Brief kehrt die Frage nach Mimis Befinden wieder, immer ist
sie besorgt um diese Hausgenossin, die ihr diese Liebe allerdings mit gleicher Münze heimzahlt. Denn Mimi hängt nur an ihrer Herrin, ist gegen
alle anderen Menschen unfreundlich und abweisend, so dass sie bei allen
Freunden des Hauses sich einer gründlichen Antipathie erfreut. Aber gerade dieser Umstand lässt sie Rosa doppelt teuer werden, sie fühlt, sie
hat da etwas gutzumachen. Den halbzertretenen Käfer, die halberfrorene
Raupe nimmt sie behutsam ins warme Zimmer und wartet ängstlich, ob

sie wieder zu sich kommen. Aus dem Gefängnis in Zwickau, September 1904, schreibt sie mir: »Vorgestern fand ich im Hof, der meinen Spaziergarten bildet, einen erfrorenen Marienkäfer, ein verspätetes Postskriptum zum dahingegangenen Sommer. Ich habe ihn natürlich zur nächsten Rettungsstation – auf ein warmes Küchenfenster – gebracht, weiß aber nichts über seine weiteren Schicksale. Gestern fand ich wieder im selben Hof ein winziges perlgraues, weiches Federchen, das ich in meinem ornithologischen Schwachsinn auf eine junge Taube diagnostizierte ...« Ihre ganz besondere Liebe wendet sie den Vögeln zu, sie finden an ihrem Fenster stets den Tisch gedeckt.

Immer wieder berichtet sie in ihren Gefängnisbriefen von ihnen. Aus der Festung Wronke schreibt sie mir am 26. Januar 1917:

»Aber für das Frühjahr bestelle ich mir Deinen Besuch. Wirst staunen, wen Du hier alles um mich findest! Die Kohlmeisen assistieren mir treu vor dem Fenster, sie kennen schon genau meine Stimme und haben's, scheint's gerne, wenn ich singe. Neulich sang ich die Gräfin-Arie aus Figaro, da hockten Stücker sechs auf dem Strauch vor dem Fenster und lauschten unbeweglich bis zu Ende, es sah drollig aus. Dann kommen auf den Ruf jeden Tag zwei Amseln, ich habe noch nie so zahme gesehen, sie essen vom Blech vor dem Fenster. Dafür habe ich mir auch zum 1. April eine Kantate bestellt, die soll sich gewaschen haben. Kannst Du mir nicht für das Volk Sonnenblumenkerne schicken?«[4]

Tatsächlich bewahrte ich jahrelang ein Säckchen Hanfkörner auf, die ich gegen Ende des Kriegs mir für Rosas Lieblinge aus der Schweiz beschafft hatte und die ich ihr nicht mehr zuschicken konnte ...

Ebenso leidenschaftlich wie die Vögel liebte sie die Blumen; ihr Zimmer und ihr Balkon waren stets blumengeschmückt, und auch im Gefängnis hatte sie fast immer einen Strauß auf ihrem Tisch. Man konnte sie mit nichts mehr erfreuen: »... Dir selbst herzlichen Dank von mir für die schönen Blümchen. Ich habe sie mir selbst eingepflanzt vor dem Fenster und habe so viel Freude an ihnen jeden Tag!«[5] schreibt sie mir aus der Festung Wronke am 29. Mai 1917.

Blumen erschienen ihr auch als ein Mittel, das Leben zu verschönern und die Freude am Dasein, das Glücksgefühl zu steigern. »Ehrliches, menschliches Glück hat für die Seele etwas Heilendes und Aufrichtendes. Ich denke mir immer, dass die Menschen eigentlich verpflichtet sind, glücklich zu sein. Der Mensch ist für das Glück geschaffen, wie der Vogel zum Fliegen.« Das sind goldene Worte Korolenkos, und Rosa fügt hinzu:

> »Diese Bemerkung enthält in der Tat ein wichtiges Stück sozialer Hygiene: Glück macht den Menschen geistig gesund und rein, wie Sonnenlicht über einem offenen See am wirksamsten das Wasser desinfiziert.«

Es war denn auch immer ihr Bestreben, sich ihren Freunden glücklich und heiter zu zeigen. Sie war ihnen Beraterin und Trösterin in allen ihren

Nöten und dabei von einer Verschwiegenheit, die geradezu vorbildlich war. Freilich erstreckte sich diese Verschwiegenheit auch auf ihre eigene Person und ihre inneren Angelegenheiten. Indiskrete Menschen vertrug sie nicht, und wollte man sich ihre Freundschaft bewahren, dann durfte man nicht neugierig sein, dann musste man sich mit den halben Andeutungen begnügen, mit denen sie über ihre eigenen Kümmernisse hinwegglitt.

Dass diese leidenschaftlich empfindende Frau manchen Herzenskummer hatte, das versteht sich von selbst, und mir war mehr davon bekannt, als ich sie je ahnen ließ. Denn eine gewisse Scheu hielt mich stets davor zurück, sie dann zu befragen, wenn ich fühlte, dass sie schweigen wollte.

Ihr Äußeres war klein und wäre unscheinbar gewesen, hätten nicht ihre schönen, leuchtenden Augen, das feine Oval des Gesichts, der schöne Teint und das reiche dunkle Haar, sowie hauptsächlich der Ausdruck von Intelligenz sie verschönt.

Ihre von der Natur so stiefmütterlich bedachte Gestalt hat sie zeitlebens als eine unverdiente Kränkung empfunden. Und wenn sie auch zu stolz und zu verschlossen war, darüber zu klagen, so entrang sich ihr doch hie und da eine bittere Äußerung, in der sie sich selbst verspottete.

Sie liebte stattliche Menschen, und ihr dienstbarer Geist musste stets groß sein, denn sie wollte nicht, dass ihre Besucher glauben sollten, sie seien in ein »Zwergenheim« geraten.

Als sie sich einen eigenen Hausstand gegründet hatte, begann sie sich auch für den Haushalt zu interessieren, verschmähte es auch nicht, sich um die Küche zu kümmern, und liebte es, wenn ihre Gäste sich bei ihr wohl fühlten.

Sie hegte durchaus keine Verachtung für die häuslichen Tugenden, hielt sehr auf Ordnung und Sauberkeit und hatte einen ausgeprägten Schönheitssinn.

Wenn sie von geistiger Arbeit ermüdet war, so nahm sie wohl auch gern eine Handarbeit vor, und ich habe manches Sofakissen und Deckchen unter ihren geschickten Fingern aufblühen sehen.

Wer sich unter Rosa also ein Mannweib vorstellt, geht vollständig fehl, sie war eine echte Frau, deren Geist allerdings an Kraft dem eines hervorragenden Mannes nicht nachstand.

Worin der Zauber ihres Wesens bestand? In ihrer Lebendigkeit, in ihrem schnellen Sich-einfühlen-können in jede Stimmung des andern, in ihrer vollendeten Kunst, zuzuhören, in ihrer liebevollen Art, auf des andern Freud' und Leid einzugehen, in ihrem sprudelnden Witz, in ihrem klaren, verständigen Urteil, in ihrer Heiterkeit, die sich ansteckend ihrem Partner mitteilte, und anderseits in dem tiefen sittlichen Ernst, mit dem sie an alle Probleme herantrat, die ihr an Ereignissen so reiches Leben ihr täglich stellte.

Der Romantiker Friedrich Schlegel hat in **Lucinde** seiner angebeteten Freundin Karoline Michaelis ein unsterbliches Denkmal gesetzt. In ihrer bereits erwähnten schönen Einführung zu dem Buch über diese Frau druckt Helene Stöcker ab, was Friedrich Schlegel zu deren Charakteristik schreibt.

Es sei mir gestattet, die Stellen daraus zu zitieren, die mir vorkommen, als wären sie Rosa auf den Leih geschrieben:

»Sie war heiter und leicht in ihrem Glück ... ließ ihrem Witz und ihrer Laune freies Spiel, wenn sie ihn (jemand) unliebenswürdig fand. Überhaupt lag in ihrem Wesen jede Hoheit und jede Zierlichkeit, die der weiblichen Natur eigen sein kann, jede Gottähnlichkeit und jede Unart, aber alles war fein, gebildet und weiblich. Frei und kräftig entwickelte und äußerte sich jede Eigenheit, als sei sie nur für sich allein da, und dennoch war die reiche kühne Mischung so ungleicher Dinge im Ganzen nicht verworren; denn ein Geist beseelte es, ein lebendiger Hauch von Harmonie und Liebe. Sie konnte in derselben Stunde irgendeine komische Albernheit mit dem Mutwillen und der Feinheit einer gebildeten Schauspielerin nachahmen und ein erhabenes Gedicht vorlesen mit der hinreißenden Würde eines kunstlosen Gesanges. Bald wollte sie in Gesellschaft glänzen und tändeln, bald war sie ganz Begeisterung, und bald half sie mit Rat und Tat, ernst, bescheiden und freundlich wie eine zärtliche Mutter. Eine geringe Begebenheit ward durch ihre Art, sie zu erzählen, so reizend wie ein schönes Märchen. Alles umgab sie mit Gefühl und Witz; sie hatte Sinn für alles, und alles kam veredelt aus ihrer bildenden Hand und von ihren süß redenden Lippen. Nichts Gutes und Großes war zu heilig oder zu allgemein für ihre leidenschaftliche Teilnahme. Sie vernahm jede Andeutung, und sie erwiderte auch die Frage, welche nicht gesagt war. Es war nicht möglich, Reden mit ihr zu halten; es wurden von selbst Gespräche, und während dem steigenden Interesse spielte auf ihrem feinen Gesicht eine immer neue Musik von geistvollen Blicken und lieblichen Mienen. Dieselben glaubte man zu sehen, wie sie sich bei dieser oder jener Stelle veränderten, wenn man ihre Briefe las, so durchsichtig und seelenvoll schrieb sie, was sie als Gespräch gedacht hatte. Wer sie nur von dieser Seite kannte, hätte denken können, sie sei nur liebenswürdig, sie würde als Schauspielerin bezaubern müssen, und ihren geflügelten Worten fehle nur Maß und Reim, um zarte Poesie zu werden. Und doch zeigte ebendiese Frau bei jeder großen Gelegenheit Mut und Kraft zum Erstaunen, und das war auch der hohe Gesichtspunkt, aus dem sie den Wert der Menschen beurteilte.«

Ist es nicht, als wäre Rosa in dieser Schilderung vorgeahnt? Und nun stelle man sich die Wirkung dieses lebendigen, geistsprühenden, trotz ihrer körperlichen Unscheinbarkeit anmutigen Wesens auf die Jugend vor!

Von den Kleinsten angefangen, mit denen sie mit heißen Wangen unermüdlich spielen konnte, wobei sie selbst wieder zum Kinde wurde, bis zur reiferen und reifsten Jugend liefen sie ihr alle zu, wie dem Rattenfänger von Hameln.

Alle wusste sie zu fesseln und in geistreichster Weise zu beschäftigen und war bei allem, was sie mit ihnen unternahm, selbst mit ganzem Herzen dabei.

Ob sie nun für die ganz Kleinen mechanisches Spielzeug in Betrieb setzte, ob sie für die Größeren Städte baute oder Geschichten erzählte, ob sie mit ihnen um die Wette zeichnete oder ob sie sich mit ihnen in Wald und Feld erging, Pflanzen beschauend, sammelnd und erklärend, oder ob sie den ganz Großen in unterhaltender Form Geschichte oder Naturkunde beibrachte – sie alle hingen an ihrem Mund und folgten willig ihrer Führung.

Kinder haben einen feinen Instinkt, und sprächen nicht soundso viel Handlungen für Rosas Herzensgüte und mütterliche Weiblichkeit, schon der Umstand allein, dass ihre alle Kinderherzen zuflogen, würde beweisen, dass die von der Bourgeoisie als Megäre verschriene Rosa eine echte Frau war.

Anmerkungen

1   LUXEMBURG: **Briefe an Karl und Luise Kautsky**: Brief 29.

2   »Schöne Seelen finden sich.«

3   LUXEMBURG: **Briefe an Karl und Luise Kautsky**: Brief 21.

4   Ebenda: Brief 82.

5   Ebenda: Brief 86.

Rosa Luxemburgs politische Einstellung

Trotzdem Rosa Luxemburg, wie ich im vorigen Kapitel darzulegen mich bemühte, durchaus kein Mannweib, sondern eine echte Frau war, hat sie doch der Frauenbewegung als solcher niemals besonderes Interesse abzugewinnen versucht. Ihre Arbeit galt nur der großen Gesamtbewegung, für Sonderaktionen innerhalb derselben hatte sie nichts übrig, da fühlte sie sich nie als Frau, da war sie nur der Parteigenosse.

Für sie war die sozialdemokratische Arbeiterbewegung eine völlig einheitliche, in der Mann und Frau Schulter an Schulter zu kämpfen hätten mit den gleichen Mitteln zum gleichen Ziele.

Die Verwirklichung der Forderung des Frauenwahlrechts hat sie nicht mehr erlebt, und hätte sie sie erlebt und wäre sie auf Grund des neuerrungenen Wahlrechts in den Reichstag gekommen, so hätte sie sich wahrscheinlich bald in arger Verlegenheit befunden, welche Partei sie dort vertreten solle. Denn es gibt und gab lange schon ein großes Rätsel-raten: Wo würde Rosa heute stehen, wenn sie noch lebte?

Im Herbst 1918 schrieb sie im Breslauer Gefängnis ihr kleines, aber unendlich inhaltsreiches Buch über **Die russische Revolution,**[1] das sie dem Genossen Paul Levi mit den Worten widmete: »Ich schreibe die-se Broschüre für Sie, und wenn ich nur Sie damit überzeugt haben wer-de, so habe ich diese Arbeit nicht vergeblich geleistet.« Diese Schrift bewies, wie klar sie die Fehler schon damals sah und verurteilte, die in Russland begangen wurden, und wie sie die Folgen dieser Fehler voraus-sah. Ihr alter Gegensatz zu Lenin, der sich wohl am schärfsten in der Kontroverse über »Organisationsfragen« ausprägte, die die beiden in der *Neuen Zeit* schon 1904 ausfochten, tritt in dieser Broschüre aufs Neue deutlich zutage, wenn sie dort selbstverständlich auch »dem ersten welthistorischen Experiment mit der Diktatur der Arbeiterklasse volle Bewunderung zollt«.

Ganz richtig sagt Genosse Böse in Nr. 16 des *Klassenkampf* (15. Au-gust 1928): »Ausgehend von dem Grundsatz, dass die proletarische Re-volution ein elementarer, spontaner Prozess ist, sieht Rosa Luxemburg die Aufgabe der proletarischen Partei darin, durch Teilnahme am revolu-tionären Kampf zu zeigen, in welcher Richtung sich die Ereignisse entwi-ckeln. Grundlegende Voraussetzung für den Aufbau der proletarischen

Partei ist ein weitgehender demokratischer Charakter, die schärfste Ablehnung der von Lenin geforderten Militarisierung der proletarischen Partei. Er stellte dagegen der Partei die Aufgabe, die Rolle der Führung der proletarischen Klasse zu übernehmen ... Lenins Forderung der streng konspirativen Organisationsform der proletarischen Partei ist nur die logische Konsequenz seiner Theorie der proletarischen Revolution, und die scharfe Ablehnung seines Organisationsaufbaus durch Rosa Luxemburg demonstriert nur, wie fest verwachsen Rosa Luxemburg mit den Aufgaben des westeuropäischen Proletariats war ...«

Bei dieser Einstellung konnte Rosa Luxemburg den Kurs nicht gutheißen, den Lenin und Trotzki steuerten. Sie betonte immer, dass die Sozialdemokratie eine Partei und keine Persönlichkeit sei. Auch Paul Frölich weist auf diese Differenzen zwischen den beiden hin, bei denen sich allerdings nach ihm »in allen Fragen Lenin als der Weiterblickende und Überlegene erwiesen« habe.[2]

Diese Differenzen waren eigentlich von jeher vorhanden, ungeachtet des Umstands, dass Lenin als kraftvolle Persönlichkeit Rosa sehr sympathisch war, ja ihr sogar imponierte, ein Gefühl, das bei ihrem stark ausgeprägten Selbstbewusstsein nur in äußerst seltenen Fällen sich einstellte. In der Sammlung der Briefe an Potressow und Axelrod, in Band I des vom Staatsverlag in Moskau und Leningrad herausgegebenen Werkes **Die Sozialdemokratische Bewegung in Russland**, findet sich folgende charakteristische Stelle: »Es wäre traurig, wenn Schärfe und Unnachgiebigkeit in der Praxis unbedingt eine Vereinigung mit Leninscher Engstirnigkeit in der Theorie erheischen würde und sich in keiner Weise mit Weite des Blicks und Elastizität vereinigen ließe. Verzeihen Sie, dass ich so aufrichtig schreibe, aber Sie wissen, wie sehr mir Ihre Sache am Herzen liegt. Und ich bin überhaupt nicht gewöhnt, mir ein Blatt vor den Mund zu nehmen.« (Rosa Luxemburg an Alexander Potressow, 7. August 1904.) Dass Rosa mit den Leninschen Spaltungstendenzen nicht einverstanden war, dafür gibt es manche Belege. In einem undatierten Brief an mich aus dem Jahre 1911[3] sagt sie: »Der einzige Weg, die Einigkeit zu retten, ist – eine allgemeine aus Russland beschickte Konferenz zustande zu bringen, denn die Leute in Russland wollen alle den Frieden und die Einigkeit, und sie sind die einzige Macht, die die ausländischen Kampfhähne zur Raison bringen wird.« Und auf der vom Internationalen Bureau einberufenen Einigungskonferenz in Brüssel am 16., 17. und 18. Juli 1914 stand Rosa Schulter an Schulter mit Paul Axelrod gegen den Vertreter der Leningruppe und unterschrieb mit ihm die Resolution, deren wichtigste Sätze lauten:

»Das Internationale Bureau lehnt es ab, Beschuldigungen zu prüfen, die die Vergangenheit der einzelnen Gruppen Russlands betreffen. Es ist dazu nicht kompetent auf Grund der Londoner Resolution, es erklärt aber auch dieses Wühlen in der Vergangenheit für unfruchtbar, ja schädlich, weil es ein Mittel ist, Elemente zu trennen, die durch ihre Auffassungen der Gegenwart und ihre Ziele der Zukunft zusammengehören. Die Gegenwart ist günstig, Großes in Russland zu leisten, wenn das klassenbewusste Proletariat einig und geschlossen vorgeht. Der revolutionäre Marxismus erfordert heute in Russland durchaus nicht die Spaltung, sondern umgekehrt wird er am besten gedeihen bei der Einigkeit. Man kann kein schlimmeres Verbrechen am russischen Proletariat begehen, als wenn man die Zusammenfassung seiner verschiedenen Gruppen zu einem einheitlichen Körper hindert und stört.«

»Proletarier Russlands, vereinigt euch!«

In der vorhin erwähnten Broschüre schreibt sie u.a. an Levi (Seite 108): »Lenin sagt, der bürgerliche Staat sei ein Werkzeug zur Unterdrückung der Arbeiterklasse. Es sei bloß der gewissermaßen auf den Kopf gestellte kapitalistische Staat. Diese vereinfachte Auffassung weicht von dem Wesentlichsten ab; die bürgerliche Klassenherrschaft brauchte keine politische Schulung und Erziehung der ganzen Volksmassen, wenigstens nicht über gewisse eng gezogene Grenzen hinaus. Für die proletarische Diktatur ist sie das Lebenselement, die Luft, ohne die sie nicht zu existieren vermag.« Und weiter (Seite 109): »Gerade die riesigen Aufgaben, an die die Bolschewiki mit Mut und Entschlossenheit herantraten, erforderten die intensivste politische

Schulung der Massen und Sammlung der Erfahrung, die ohne politische Freiheit nie möglich ist. Freiheit nur für die Anhänger der Regierung, nur für Mitglieder einer Partei – mögen sie noch so zahlreich sein – ist keine Freiheit. Freiheit ist immer Freiheit des Andersdenkenden. Nicht wegen des Fanatismus der ›Gerechtigkeit‹, sondern weil all das Belehrende, Heilsame und Reinigende der politischen Freiheit an diesem Wesen hängt und seine Wirkung versagt, wenn die Freiheit zum Privilegium wird.«

Und weiter (Seite 111):

»Die Praxis des Sozialismus erfordert eine ganze geistige Umwälzung in den durch Jahrhunderte der bürgerlichen Klassenherrschaft degradierten Massen. Soziale Instinkte an Stelle egoistischer, Masseninitiative an Stelle der Trägheit, Idealismus, der über alle Leiden hinwegträgt usw. usw. Niemand weiß das besser, schildert das eindringlicher, wiederholt das hartnäckiger als Lenin. Nur vergreift er sich völlig im Mittel: Dekret, diktatorische Gewalt der Fabrikaufseher, drakonische Strafen, Schreckensherrschaft, das sind alles Mittel, die diese Wiedergeburt verhindern. Der einzige Weg zu dieser Wiedergeburt ist die Schule des öffentlichen Lebens selbst, uneingeschränkte breiteste Demokratie, öffentliche Meinung. Gerade die Schreckensherrschaft demoralisiert ...«

»Ohne allgemeine Wahlen, ungehemmte Presse- und Versammlungsfreiheit, freien Meinungskampf erstirbt das Leben in jeder öffentlichen

Institution, wird zum Scheinleben, in der die Bürokratie allein das tätige Element bleibt. Diesem Gesetz entzieht sich niemand. Das öffentliche Leben schläft allmählich ein, einige Dutzend Parteiführer von unerschöpflicher Energie und grenzenlosem Idealismus dirigieren und regieren, unter ihnen leitet in Wirklichkeit ein Dutzend hervorragender Köpfe. Die Arbeiterschaft wird von Zeit zu Zeit zu Versammlungen aufgeboten, um den Reden der Führer Beifall zu klatschen, vorgelegten Resolutionen einstimmig zuzustimmen, im Grunde also eine Cliquenwirtschaft – eine Diktatur, allerdings aber nicht die Diktatur des Proletariats, sondern die Diktatur einer Handvoll Politiker, d.h. Diktatur im bürgerlichen Sinn ...« (Seite 113.)

Wer, der diese prophetischen Worte liest, wird nicht den Seherblick Rosas bewundern und nicht erinnert werden an den in der Einleitung zur Junius-Broschüre von ihr ausgesprochenen Satz von »der Sicherheit, mit der die historisch-materialistische Methode den Gang der Entwicklung zu erfassen weiß«?

Wer aber vermöchte dann noch zu glauben, dass sie widerspruchslos mit denen durch dick und dünn gegangen wäre, deren Grundsätze den Ihrigen schon von allem Anbeginn an so diametral zuwiderliefen?

Und hätte sie widersprochen, hätte sie sich aufgelehnt, was wäre ihr Schicksal gewesen? Trotzkis Spuren schrecken ...

Gleich wie sie schon beim Gründungsparteitag der Kommunistischen Partei Deutschlands sich in der Frage der Beteiligung an der Wahl zur Nationalversammlung eine Schlappe geholt hatte, so hätte sie sich auch weiterhin nicht durchzusetzen vermocht. Hat man doch sogar die Tote noch bekämpft, und ist man doch so weit gegangen, ihre als »menschewistische Verirrung« hingestellten Ansichten auf »eine drei bis vier Monate während Bewusstseinsstörung« zurückzuführen! Und wenn auch Karl Radek gnädig zugeben wollte, dass Rosa nach ihrer theoretischen Verirrung, die sie auf kurze Zeit zu den Menschewiki geführt habe, reuig wieder zu den Bolschewiki zurückgekehrt sei, so wurde sie doch von dem theoretischen Haupt der russischen Kommunistischen Partei, Bucharin, schonungslos abgeschüttelt, und viele ihrer Ansichten wurden von ihm für »unleninistisch« erklärt. In Russland wäre also kein Platz für sie gewesen. Sich aber zu vergegenwärtigen, dass Rosa in dem Satyrspiel, das die deutschen Kommunisten der russischen Tragödie folgen ließen und lassen, eine Rolle übernommen hätte, dass sie, die wohl den Hochflug eines Karl Liebknecht mitmachen wollte, in die Niederungen zu einer Ruth Fischer, einem Thälmann, einem Pieck herabgestiegen wäre, das ist einfach unvorstellbar!

Ihr wäre es ergangen wie Goethes Brackenburg:

»Auf Erden ist kein Bleiben mehr für mich,
Und Höll' und Himmel bieten gleiche Qual.«

Denn ebenso unvorstellbar ist es, dass sie je wieder zur deutschen Sozialdemokratie zurückgefunden hätte. In scharfer Opposition zu deren leitenden Instanzen hatte sie von jeher gestanden, dem deutschen Parteivorstand und seinen Maßnahmen war sie stets kritisch, mitunter sogar direkt feindselig gegenübergetreten, oft hatte sie gegen den Stachel gelöckt, als den sie die Parteidisziplin empfand oder sich dieser nur widerwillig gefügt.

Seit dem 4. August 1914 aber fühlte sie sich ganz von der Fessel befreit, die sie bis dahin an die Partei geknüpft hatte. Anfangs Februar 1915 schrieb sie im Leitartikel der bereits erwähnten *Internationale*[4] die folgenden Sätze:

»Am 4. August 1914 hat die deutsche Sozialdemokratie politisch abgedankt ... Der Zusammenbruch selbst ist ein in der Geschichte aller Zeiten beispielloser ... Gestellt vor diese Alternative ... strich die Sozialdemokratie die Segel, räumte kampflos dem Imperialismus den Sieg ein.. Noch nie, seit es eine Geschichte der Klassenkämpfe, seit es politische Parteien gibt, hat es eine Partei gegeben, die in dieser Weise, nach fünfzigjährigem unaufhörlichem Wachstum, nachdem sie sich eine Machtstellung ersten Ranges erobert, nachdem sie Millionen um sich geschart hatte, sich binnen vierundzwanzig Stunden so gänzlich ... in blauen Dunst aufgelöst hatte wie die deutsche Sozialdemokratie.« »Die deutsche Sozialdemokratie hat im Laufe eines halben Jahrhunderts von der theoretischen Erkenntnis des Marxismus die reichsten Früchte geerntet, durch ihre Säfte einen mächtigen Körper großgezogen. Gestellt vor die größte historische Probe, eine Probe, die sie obendrein theoretisch mit der Sicherheit eines Naturforschers vorausgesehen und in allen wesentlichen Zügen vorausgesagt hatte, versagte ihr völlig das zweite Lebenselement der Arbeiterbewegung: der tatkräftige Wille, um die Geschichte nicht bloß zu *verstehen*, sondern sie auch zu *machen*.«

Und man lese nur den zornigen Aufschrei in ihrer Junius-Broschüre, um das Maß der ingrimmigen Verachtung zu erkennen, die sie von da ab für die Führer und Vertreter des deutschen Proletariats im Busen hegte:

> »Was jetzt in Frage steht, ist der ganze letzte fünfundvierzigjährige Abschnitt in der Entwicklung der modernen Arbeiterbewegung ... Die marxistische Erkenntnis gab der Arbeiterklasse der ganzen Welt einen Kompaß in die Hand, um sich im Strudel der Tagesereignisse zurechtzufinden, um die Kampftaktik jeder Stunde nach dem unverrückbaren Endziel zu richten. Trägerin, Verfechterin und Hüterin dieser neuen Methode war die deutsche Sozialdemokratie ... Die deutsche Sozialdemokratie galt als die reinste Verkörperung des marxistischen Sozialismus ...«[5]

»Die deutsche Sozialdemokratie war, wie die Wiener **Arbeiter-Zeitung** am 5. August 1914 schrieb, ›das Juwel der Organisation des klassenbewussten Proletariats‹. In ihre Fußtapfen traten immer eifriger die französische, die italienische und die belgische Sozialdemokratie, die Arbeiterbewegung Hollands, Skandinaviens, der Schweiz, der Vereinigten Staaten. Die slawischen Staaten aber, die Russen, die Sozialdemokraten des Balkans blickten zu ihr mit schrankenloser, beinahe kritikloser Bewunderung auf ... Und was erlebten wir in Deutschland, als die große historische Probe kam? Den tiefsten Fall, den gewaltigsten Zusammenbruch ...«[6]

Wer Rosa kannte, dem war ohne weiteres klar, dass es fortab keine Gemeinschaft mehr zwischen ihr und der deutschen Sozialdemokratischen Partei gab, und dass die Kluft, die sich am 4. August aufgetan, zu einer unüberbrückbaren geworden war. Denn sie wandte sich mit gleicher, ja mit fast noch größerer Heftigkeit gegen die Unabhängigen wie gegen die Mehrheitler, ihr Spott und ihre Verachtung gegen die Haase und Kautsky war nicht weniger ätzend und höhnisch wie gegen die »Scheidemänner«.

Dieser Erkenntnis, so schmerzlich sie ihnen war, konnten sich nun auch ihre besten Freunde von früher nicht mehr verschließen, und es könnte heute eigentlich müßig erscheinen, über Rosas jetzige Stellungnahme zu diskutieren, wäre diese Frage nicht von einer Art Pietät für die tote Freundin diktiert.

Denn dieselben Kommunisten, die Rosa Luxemburg ganz für sich reklamieren wollen, haben, wie gesagt, deren Theorien in Russland systematisch unterdrückt und haben in Deutschland Jahre verstreichen lassen, ehe sie sich auf ihre Ehrenschuld besannen und an die Herausgabe ihrer Schriften schritten. Zugleich aber haben sie, wie ich an dem Beispiel eingangs zeigte, dies Mitgliedern anderer Parteien unmöglich gemacht.

Als ich vor nun bald zehn Jahren, in einem ersten Ausbruch des Entsetzens, den mir Rosas schrecklicher Tod entlockte, von »bolschewistischen Irrlehren« sprach, da stürzten sich wild gewordene Kommunisten wie eine Meute auf mich. Den Anlass dazu gab ihnen ein Artikel, den ich unmittelbar nach Rosas Ermordung zu deren Gedächtnis in der **Freiheit** veröffentlicht hatte. In zahlreichen Briefen an mich reklamierten sie Rosa nicht nur für den Kommunismus, sondern für den waschechten Bolschewismus und bestritten mir unter wüsten Drohungen das Recht, an Rosas rein bolschewistischer Einstellung zu zweifeln und gar diesem Zweifel öffentlich Ausdruck zu geben. Als aber Jahre später führende Kommunisten bei kaltem Blut Rosas Tätigkeit herunterrissen und damit ihr Andenken entweihten, da erhob sich keine kommunistische Stimme zu ihrer Rechtfertigung, hatte sie sich doch an dem allein-seligmachenden Dogma versündigt. Da blieb es Angehörigen der verhassten Sozialdemokratie vorbehalten, die der alten Freundschaft mit Rosa eingedenk waren, sie gegen diejenigen in Schutz zu nehmen, die sie jetzt ganz als die Ihrige betrachtet wissen wollen. Und wenn auch Paul Frölich sich heute in liebevoller Weise der Herausgabe von Rosas Schriften und Reden unterzieht, so tut er dies doch auch nur mit Vorbehalt. Er sagt in der schon vorhin erwähnten Einleitung zu Rosa Luxemburgs **Der Reformismus**: »Was Unzulängliches an den Lehren Rosa Luxemburgs war, wir sollen es überwinden, es bleibt uns darum noch genug von ihrem geistigen Erbteil. Denn: ›trotz aller ihrer Fehler ist und bleibt sie ein Adler‹ (Lenin).« Man sieht, Frölichs Pietät sind gewisse Grenzen gezogen.

Trifft für die Kommunisten da nicht auch das kluge Wort Viktor Adlers zu, das er anlässlich des Falles Gapon prägte: »Es gibt Menschen, die man lieber als Märtyrer hat denn als Parteigenossen«?

Die alte Sozialdemokratie aber verehrt in Rosa nicht nur die Märtyrerin, sondern über alle trennenden Schranken hinweg auch die Vorkämpferin für das gemeinsame große Ziel des Sozialismus.

Und als persönliche Freundin wie als Angehörige der Sozialdemokratischen Partei war es mir darum ein Herzensbedürfnis, bei der zehnten Wiederkehr von Rosa Luxemburgs Todestag ihrer in Liebe und Treue und in Verehrung zu gedenken.

Ich weiß, dass ich damit nicht nur ungezählten alten Parteigenossen aus dem Herzen spreche, sondern dass mir das auch besonders die Jugend dankt, die vorbehaltlos in enthusiastischer Bewunderung und in schwärmerischer Verehrung an der Persönlichkeit dieser Heldin der Arbeiterbewegung hängt. Da mir versagt blieb, ihr einen vollen, reichen

Kranz aufs Grab zu legen, in den ich gern ihre eigenen Geistesblüten hinein gewunden hätte, so musste ich mich damit begnügen, ihr Andenken mit der schlichten Gabe zu ehren, die ich ihr und den Lesern in den vorliegenden Blättern darbringe.

Anmerkungen

1   Rosa LUXEMBURG: **Die russische Revolution**, Berlin (Verlag Gesellschaft und Erzie-
    hung) 1922. [Als heptagon-E-Book neu publiziert: Rosa LUXEMBURG: **Die russische
    Revolution**, Berlin (heptagon) 2015, ISBN 978-3-934616-12-7]

2   In der Einleitung von Paul Frölich zu Rosa LUXEMBURG: **Gegen den Reformismus**,
    Berlin (Vereinigung Internationaler Verlagsanstalten) 1925: S. 31.

3   LUXEMBURG: **Briefe an Karl und Luise Kautsky**: Briefe 70.

4   *Die Internationale. Eine Monatsschrift für Praxis und Theorie des Marxismus*,
    Heft 1, April 1915. Es erschien nur ein Heft dieser Zeitschrift zu Rosas Lebzeiten.

5   JUNIUS (Pseudonym für Rosa LUXEMBURG): **Die Krise der Sozialdemokratie**, Zü-
    rich 1916, S. 8. [Als heptagon-E-Book neu publiziert: Rosa LUXEMBURG: **Die Krise der
    Sozialdemokratie. Mit einem Anhang Leitsätze über die Aufgaben der in-
    ternationalen Sozialdemokratie**, Berlin (heptagon) 2012, ISBN 978-3-934616-50-9]

6   Ebenda: S. 8.

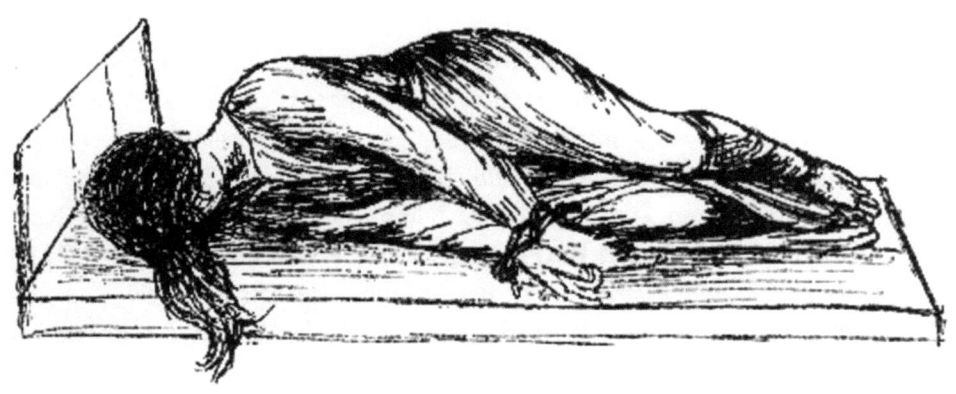

Nachwort des Herausgebers

Das vorliegende Buch stellt eine Besonderheit dar. Luise Kautsky publizierte damit die erste Biografie über Rosa Luxemburg in Buchform. Vor 1929 waren lediglich kurze Artikel und Broschüren erschienen, die im Kern zumeist die Ermordung thematisierten. Andererseits hätte dieses Gedenkbuch, wäre es nach dem Willen seiner Autorin gegangen, gar nicht erscheinen sollen. Denn Luise Kautsky wollte ursprünglich ein zweites Buch mit Briefen von Rosa Luxemburg publizieren – nach der 1923 herausgegebenen Sammlung Rosa LUXEMBURG: **Briefe an Karl und Luise Kautsky (1896-1918)**. Ein jahrelanger Rechtsstreit mit der Kommunistischen Partei um die Veröffentlichungsrechte machte jedoch den Druck des bereits fertiggestellten Manuskripts damals unmöglich. Deshalb publizierte Luise Kautsky als Alternative im Verlag E. Laubsche Verlagsbuchhandlung **Rosa Luxemburg. Ein Gedenkbuch**.

Für die Abfassung dieser äußerst persönlich gehaltenen Lebensdarstellung der zehn Jahre zuvor ermordeten Revolutionärin entpuppte sich Luise Kautsky als die ideale Autorin. Seit 1898 verband die beiden Frauen eine tiefe und innige Freundschaft. Damals ließ sich Rosa Luxemburg in Berlin nieder; Luise Kautsky war bereits ein Jahr zuvor in den damaligen Berliner Vorort Friedenau gezogen, zusammen mit ihrem Mann Karl und den drei gemeinsamen Söhnen.

Karl Kautsky galt seit dem Tod von Friedrich Engels als »Hüter« des Marxschen Theorienachlasses. Für die von ihm redigierte Theoriezeitschrift **Die Neue Zeit** verfasste Rosa Luxemburg fleißig Artikel. Als sie 1899 ebenfalls nach Friedenau zog, vertiefte sich auch die Beziehung zu den anderen Mitgliedern der Familie Kautsky. Rosa Luxemburg ging im Hause Kautsky ein und aus, feierte Ostern und Weihnachten mit der Familie, betätigte sich als Babysitter für die Jungen und fuhr sogar mit einzelnen Familienmitgliedern in den Urlaub. Luise Kautsky beschrieb dies später folgendermaßen: »Mit dem pater familias trieb sie Politik, mit mir trieb sie alles, was das Leben verschönt, mit den drei Jungen trieb sie die tollste Allotria«. Und selbst das spätere Zerwürfnis zwischen Rosa und Karl Kautsky konnte der Freundschaft der beiden Frauen nicht anhaben.

Rosa Luxemburg ermunterte Luise Kautsky auch, sich neben der – unbezahlten – Übersetzungs- und Sekretariatstätigkeit für ihren Mann selbst publizistisch zu betätigen. Mit Erfolg: Luise Kautskys Œuvre umfasst mehrere hundert Druckseiten. Über einen Zeitraum von mehr als vierzig Jahren übersetzte sie mehrere Bücher und diverse Artikel aus dem Französischen und Englischen, rezensierte belletristische und sozialistische Literatur und verfasste Texte für Bücher und Zeitschriften. Innerhalb des internationalen Netzwerks sozialistischer Zeitschriften waren ihre biografischen Artikel anlässlich von Gedenk- oder Todestagen besonders beliebt. Zu ihren Lebzeiten gehörte Luise Kautsky zu den meist geachtetsten Persönlichkeiten der internationalen sozialistischen Bewegung. Und dennoch scheint sie heute der Vergessenheit anheim gefallen zu sein.

Geboren wurde sie als Luise Ronsperger am 11. August 1864 in Wien. Die vollständig assimilierten jüdischen Eltern betrieben im 4. Bezirk ein Kaffeehaus und sorgten für eine profunde Schulausbildung ihrer Tochter. Auf der Höheren Bildungsschule des Wiener Frauen–Erwerb–Vereins lernte Luise unter anderem Englisch und Französisch sowie im Abendkurs auch Italienisch. Über die sozialistische Schriftstellerin Minna Kautsky lernte Luise Karl Kautsky kennen und heiratete diesen 1890. Nach der Hochzeit zog das Paar nach Stuttgart, 1897 – inzwischen mit drei Söhnen gesegnet – weiter nach Berlin, wo sie mehr als ein Vierteljahrhundert lebten. In den 1920er Jahren kehrten Luise und Karl Kautsky nach Wien zurück. 1938 musste Luise Kautsky mit ihrem schwerkranken Mann vor den Nazis fliehen. Sie gingen nach Amsterdam, wo Karl nach kurzer Zeit starb. Die deutsche Besetzung der Niederlande im Jahr 1940 brachte Luise Kautsky in eine prekäre Lage. Als Jüdin stand sie unter Beobachtung und geriet kurz nach ihrem achtzigsten Geburtstag in eine Razzia. Sie wurde nach Auschwitz deportiert, wo sie am 8. Dezember 1944 starb.

Das hier vorliegende Buch **Rosa Luxemburg. Ein Gedenkbuch** ist gleichzeitig der erste Band der Buchreihe **Luise KAUTSKY – Gesammelte Schriften**. Die Neuausgabe des Buches orientiert sich an der vor *90* Jahren erschienen Ausgabe, jedoch wurde die Orthografie behutsam an die neue deutsche Rechtschreibung angepasst und offensichtliche Fehler stillschweigend korrigiert.

Die Buchreihe **Luise KAUTSKY – Gesammelte Schriften** ist als Leseausgabe konzipiert. Sie soll Luise Kautskys Texte erneut der interessierten Öffentlichkeit zugänglich machen, denn ihre Bücher sind heute längst vergriffen und ihre Zeitungsartikel finden sich nur weit verstreut über verschiedene Bibliotheken.

Günter Regneri

heptagon VERLAGSINFORMATION

Luise KAUTSKY – Gesammelte Schriften

Luise Kautskys Bücher sind heute längst vergriffen und ihre Zeitungsartikel finden sich nur verteilt über verschiedene Bibliotheken. Die als Leseausgabe konzipierte Reihe GESAMMELTE SCHRIFTEN soll Luise Kautskys Texte erneut der interessierten Öffentlichkeit zugänglich machen.

Bisher erschienen in der vom heptagon Verlag herausgegebenen Reihe folgende Bände:

Band 1: Luise KAUTSKY: **Rosa Luxemburg – Ein Gedenkbuch**
E-Book-ISBN: 978-3-934616-02-8
Print-ISBN: 978-3-96024-000-6

Band 2: Luise KAUTSKY: **Starke Frauen – 15 Porträts von Jenny Marx bis Rosa Luxemburg**
E-Book-ISBN: 978-3-934616-03-5
Print-ISBN: 978-3-934616-04-2

Band 3: Luise KAUTSKY: **Kluge Männer – Gedanken über führende Köpfe der sozialistischen Bewegung**
E-Book-ISBN: 978-3-96024-001-3
Print-ISBN: 978-3-96024-002-0

Band 4: Luise KAUTSKY: **Schulverpflegung in Europa**
E-Book-ISBN: 978-3-934616-05-9

Weitere Bände sind geplant.

Download der E-Books unter: www.heptagon.de